食堂業の店長塾

強い店長が、外食の現場を強くする

井上恵次
Keiji INOUE

目次

第2章 採用とトレーニングの進め方

第3章 店長の数値管理の技術

第4章 部下の育成

エピローグ

装丁・本文デザイン＝纐纈友洋
編集＝高松幸治

まえがき

ロイヤルホストの全国展開の責任者であった頃、米国で1000店を超える大チェーンの副社長であったスタン・ディモズ（Stan Diemoz）氏の指導を2年間受けた。筆者はそれまでの2年間、日本で見聞した記憶や欧米のチェーン視察から得た自己流の手法でチェーン展開の指揮をとっていた。

当時の日本は、小売業も外食業もチェーン企業一色になりそうな風潮であったが、国内の指導者は限られたチェーン理論しか持っていなかった。企業の経営者はそれを金科玉条のように守りながら経営を行なっていた。

ディモズ氏は来日して、当時10店ほどあったロイヤルホストを視察して「これではチェーンづくりは不可能だ。いずれ早い時期に大きな壁に突き当たるだろう」と指摘した。その理由は次の3点にあるという。

一、誰が店長なのかまったくわからない。店長の役割を果たしている人がどこにもいない。

全員がワーカーになっていて、店のオペレーションの指揮をとるリーダーがいないという。忙しい時間に店長はどこに立って、何をする役割なのか、その考え方がまったくない会社であることを強く指摘された。

一、店長の育成計画がまったくない。出店計画書はあるが、誰をいつまでに店長に育てるのか、そのためにいつ、どこで、何を教えるのか、そのプログラムがない。

米国の教育プログラムの中心は、オペレーションラインの店長育成と、その上司であるエリアマネジャー（AM）育成なのだという。これは筆者にとって初めて受ける指摘であった。日本の教育は、商品、人事、数値管理等、いわば本部の中枢となる企画やスタッフ部門の育成に重点が置かれていた。

一、オペレーションのスタンダードが見えない。店ごとに商品やサービス、クレンリネスの状態がバラバラである。

この指摘はまさに、チェーンとは何かを考えさせられるものであった。

筆者にとって、スタンダードという言葉は新鮮であった。なぜなら日本のチェーン企業には、そのスタンダードがまったく存在しなかったからである。スタンダードとはお客さまに提供するQSC（quality, service, cleanliness）の品質基準のことである。米国のチェーン企業では、そのスタンダードを実現するために教育訓練が行なわれているというのだ。

ディモズ氏の指導を受けるうちに、お客さまの満足は企業が設定したスタンダードが実現して初めて得られるものであることがわかった。また、企業が競争力を上げるということは、経営トップがスタンダードの基準を高くしてマーチャンダイジングや教育訓練に取り組んでこそ実現できることも容易に理解できた。

店数が増えるということは、商圏がどんどん小さくなっていくことを意味する。商圏が小さくなる中で、収益を維持するためには、提供するQSCの価値を高めて、お客さまに来店の回数を増やしていただく必要がある。そのための条件はよいオペレーションを確立することだ。

具体的には、現場のサービス、調理力やクレンリネスのレベルを年々高くし続けていくことである。

日本の多くのチェーンづくりは、オペレーションの鍵を握っている店長の役割を軽視してきた。店長不在でも店をつくって、QSCのレベルをどんどん落としても平気でチェーン化を推進してきた経緯がある。

ディモズ氏はまた、こんな話をしてくれた。

「私のいたサンボスは、500~600店頃までは素晴らしいチェーンだった。しかし株式上場して店数を増やすことを優先した結果、人材育成が疎かになってしまった。来客数が減りはじめて、あっという間に赤字になり、会社は倒産してしまった」。

その経験からディモズ氏は、人材育成の必要性を痛感したのだという。とりわけ重要視したのは店長の育成であり、その後に経営したレストランチェーンでディモズ氏は、予定されている新規出店数の倍の数の店長を育成することを目標とした。

店長は、まず店の人気を高めて、来客数を増やすことがもっとも大切である。その点では、店長は現場の調理や接客のモデル作業者でなければならない。

次に店長の持っている現場の技術や、よい仕事をするための考え方を店に働く人たちに伝える力が必要だ。それがコミュニケーションであり、教育訓練である。ここでは、部下の仕事の結果に対する店長からの評価を公正に行ない、それを的確に伝えることがリーダーシップの鍵となる。

また、店長は部下が教育訓練によって身につけた力を発揮して、十分なオペレーションを行なえるように、人と食材と店舗設備をしっかりと準備する必要がある。

そして、店長はトップの利益責任の一端を担う役目を負っている。毎日、毎週、月ごとに、日報や週報、月次損益計算書などの結果を予算や標準と照らし合わせながら、利益を上げるための作戦を練る必要がある。その出発点は、いかに来客数を増やしていくかだ。

来客数と利益を増やすために、何に取り組めばよいか。その具体的な方法論を見出し、それを会社のルールとしてほしい。また、それを個人の仕事の習慣にしていただけることを切望してやまない。

企業の成長と存続を決める来客数と利益は、店長のマネジメント力とオペレーション力に依存する。

マネジメントの主は人である。人は形よりも考え方や感じ方を大切にし、時代に合致した道を選択する。店長は仕事のルールやリーダーの哲学が身について初めて、その時代に対応する、仕事のよりよい方法論を発見できるようになる。それを提案し、実践することによって仕事の面白さが生まれてくるのである。

状況を常に、よりよい方向へ変化させようとする現場のエネルギーが、人の和を生み、会社の人々を強くしていくに違いない。

井上恵次

2015年2月

今回の出版に際して、企画段階より終始激励し続けていただいた柴田書店の土肥大介社長に厚くお礼申し上げます。

プロローグ

1　店長の役割とは何か

店長の育成は、外食ビジネスにとって最大かつ永遠のテーマである。日本の外食企業で不振に陥ったところに共通しているのは、店長の役割を明確にせず、その育成を怠ったことだ。近年はとりわけ大手企業に顕著であり、それが結果として外食の世界をきわめて貧しいものにしてきた。

行き詰まった〝お客不在〟の方向

不振に陥っている外食大手に共通の問題は「お客さまの満足と、働く人の喜びが一体になっていない」ということだ。本来、飲食店はおいしい料理と行き届いたサービスでお客さまに喜んでいただき、それによって売上げと利益を上げ、結果として働く人々も豊かになっていく、というビジネスだ。ところが現実にはそうなっていない。

外食チェーンの多くは、高度なマネジメント技術のいらない小型店や現場のオペレーションを簡素化した店を開発し、それによって店数を増やしてきた。そこでは投資をどう回収するかという論理だけが先走りをしてしまって、肝心のお客さまの心と舌の満足は二の次になっている。そんな店での食事が楽しいはずがない。

先に述べた「お客さまの満足と、働く人の喜びの一体化」こそ外食ビジネスのあるべき姿であり、それを店舗現場で実現することが店長の役割である。そういう、本来の目的を放棄したところで多店化だけの論理が進行していることが、外食大手が抱える最大の問題点と言っていいだろう。

外食の市場規模が縮小に転じ、不況で消費も低迷するなかで、外食大手はこぞって低売上げでも成立する低投資、少人数オペレーションの店づくりに傾注してきた。しかし、そういった〝お客不在〟の方向に進んだのでは未来はない。そしていま、そのやり方は確実に行き詰まりを見せている。

なぜなら、それでは店長が役割を果たすために必要なマネジメント力は決して身につかないからだ。それは企業として、店長育成の責任を放棄していることに他ならない。同時に、企業の中に店長育成の方法論も仕組みも持っていないことを示している。

一方で、日本の外食業でよく見られるのが権限委譲に名を借りた〝責任の丸投げ〟である。「うちでは、店舗運営の裁量を店長の自主性に委ねています」などと言うわけだが、企業として店長育成の責任を放棄したところで権限だけ委譲しても、店長としては途方に暮れるばかりである。そういう企業は、店長に何を期待するのか、その内容が明確でないのだから当然とはいえ、それでは企業としてあまりに無責任と言わざるをえない。

店長を育てるには、その前提として「何ができる人材を店長というのか」という明確な店長像がなければならない。まずそれを明示することが、店長育成に取り組むうえでのスタートになる。

「店長はトップの代行者」の意味

先に述べた〝責任の丸投げ〟をしているところほど、企業のトップと店長の間で意識の共有化ができていない。それでいて「店長はトップの代わりを果たす存在。だから権限委譲をするのだ」などと言うのであるが、この点についても大きな誤解がある。

店長はトップの代行者である、というのはその通りだ。しかし、それは次の3つの意味において実行されなければならない。

まず第一に店長は、部下を通じてお客さまに満足していただき、社会に貢献する役割を負っているということだ。それがトップの一番の願いであり、その社会貢献の中身についてては当然、トップの考えを明確に掌握していなければならない。店長が勝手に考え、実行していくというものではないのだ。

次に店長は、トップに代わって人を育てる役割を負っている。店で働く人たちがやりがいを持てるように教育訓練をして、次の店長を育てることもその重要な役割なのだ。

そして3つめが利益の確保である。利益をあげることは企業存続の絶対条件であり、そのことについてトップは対外的にすべての責任を負っている。トップがその責任をまっとうできるように、トップに代わって店で利益を確保する。これが店長の大きな役割だ。

このように考えれば、権限委譲の名のもとに「店長にすべて任せる」ことがいかに間違っているかがわかるだろう。そうではなく、先の3つの項目について店長がトップの代行者たりうるよう、教育計画に沿って店長を育成していかなければならない。

本書では、あるべき店長の教育計画に沿って、店長が身につけるべきことを4つの章に分けて解説していく。すなわち「オペレーションと準備の技術」「採用とトレーニングの進め方」「店長の数値管理の技術」「部下の育成」であるが、これらのことをきちんと習得するには、店長が自らの役割を理解していることが大前提になる。

店長は野球にたとえれば、監督、コーチ、プレイヤーと、すべての役割を兼ねている。その役割を果たすためには高い能力が必要であり、どうすればそこに到達できるかを示したのが店長教育プログラムである。こうした具体的な目標があって初めて、仕事のやりがい、その会社に働くことの生きがいが生まれてくるのだ。

店長の役割の第一は先述した通り、お客さまの満足を得ることである。その実現のために一番重要なのが、企業としてあるべきQSC（quality, service, cleanliness）を実現することだ。そのあるべきQSCとは「わが社が提供すべき商品、サービス、クレンリネスの基準」として、誰もが理解できるようになっていなければならない。

この基準のことを「スタンダード」という。店長育成のためには、店長の役割が明確になっていることに加えて、スタンダードが企業の中に確立されていることが店長以下すべての人々を教育訓練する絶対条件になる。

2　スタンダードとは何か

スタンダードとは「わが社が提供する商品、サービス、クレンリネスの基準」である。それは「お客さまに満足していただくQSCのレベル」を示すものであると同時に、オペレーションの目標であり、またトレーニングの目標でもある。

オペレーション技術を習得することは、店長として第一の課題である。店長自身がすべての作業を正確に身に付けていなければ当然、部下のトレーニングもできない。

しかし重要なことは、お客さまは〝作業〟を求めて来店するのではない、ということだ。お客さまはあくまで〝正確な作業を通じて実現されるQSCのスタンダード〟を求めているわけである。ということは、わが社のスタンダードについて、経営トップをはじめ店長、店舗の従業員も共有しなければならない。そうでなければ、チェーン店のオペレーションは成立しない。

残念なことに、日本の外食企業の多くはこの点が欠落している。QSCの概念があり、そのための作業方法を定めたマニュアルはあっても、肝心のQSCを規定したスタンダードがないのだ。商品を例にとれば食材管理やスタンバイ（仕込み）といった作業がいい加減になり、品質が低下していくのである。

米国の外食企業では、スタンダードは何をおいても守らなければならない〝憲法〟と位置付けられている。それは、1000店を超えていながらあっけなく瓦解したコーヒーショップチェーン「サンボス」のように、スタンダードが崩れると会社がなくなる、という痛い経験を持っているからである。

共通認識を持つことが大事

スタンダードは、商品についていえば温度やボリューム、さらには五感（視覚、聴覚、嗅覚、味覚、触覚）で表現されるものである。日本の外食企業では古くから、これを意識して遠ざけてきた。とくに五感による表現は「それは主観にすぎない」と言って、規定することを避けてきたのである。

しかし、これが明確になっていないと「どういう店舗のオペレーション状態をよしとするのか」、会社として満足感の目標を共有できない。確かにスタンダードを表現するのは難しいことだ。でも、そこから逃げていてはいけないのである。

まず大事なことは「スタンダードを共有するための体験」をさせることだ。

たとえば、私がロイヤル㈱でロイヤルホストの指揮をとりはじめた頃、ライバルであるすかいらーく、デニーズの商品とどこが違うのか、それを表現する明確なスタンダードがなかった。

そこで、創業社長の江頭匡一氏と味について討議を重ね、ベースとなるソースは横浜の老舗ホテルの「ホテルニューグランド」の味をモデルとする、と規定した。そして社員に、ニューグランド系の人が料理長を務める都内のホテルで何度も食事をさせ、その味を徹底して憶える努力を要請した。

味覚つまり「何をおいしいと思うか」は、人によってさまざまだ。だからこそ、共通の体験をさせ、スタンダードを「舌に憶え込ませる」ことが必要なのである。

これは商品に限ったことではない。サービスについても同じことがいえる。

私があるローカルチェーンを指導していたときのことだ。サービス向上のためにテーブル担当制をとったのだが、客数がなかなか回復しない。メニュー政策と立地条件に大きな問題は見られず、オペレーションにその理由があると想像できた。そして、現場を見ていて、あることに気付いたのである。

それは、店長にまったく笑顔がない、ということだった。作業はきちんとできているし、接客用語もはっきり、正しく言えている。でも、それだけなのである。つまり食事に楽しさがないこと。これが大きな問題であった。

そうなってしまう理由は「どういう食事の場が楽しいか」について、十分なコミュニケーションをとっていないからである。お客さまに接客という作業は提供されていても、「よいサービス」を提供するという心がない。これでは、客数は増えない。

これも味覚と同様、体験が大事である。すぐれたサービスの店で、楽しい食事とはどのようなものかを身体で憶える。そういう体験をさせたうえで、スタンダードについて誰でも判断基準が持てるように、対話をしながら、具体的な方法論を身に付けていくのである。

出発点であり、かつ目標である

スタンダードは現場で常に、完璧に実現できるものではない。常に100点満点はありえないのだ。80点をキープしていればよし、と言えることが大事なのだが、そのためには「100点はどういう状態か」が明確になっていなければならない。

スタンダードが目標であるとは、そういう意味だ。店の状態の良し悪しを常に、スタンダードに照らして判断していけば、来客数が落ちてきた時に原因がすぐにわかり、立て直すための教育訓練ができる。つまりスタンダードは企業にとって、競争力の源泉なのだ。

また、スタンダードは一度決めれば不変、というものではない。時代に合わせて変える、向上させていくべきものである。なぜなら、お客さまの食生活は常に向上し、食体験も豊富になっていくからだ。それに加えて、ライバル店の出現もある。

そしてもうひとつ重要なことは、スタンダードの変更は企業の仕組みすべての変更を意味するということである。たとえばQSCのQ、商品のスタンダードを上げるという時、そのための方法は次の4つになる。

［1］…食材（仕入先）を変える
［2］…工場での加工度を変える
［3］…設備や調理機器を変える
［4］…調理法を変える

焼き餃子を例にとれば、まず主食材の皮、具材の豚肉、キャベツなどの変更である。豚肉は赤身と脂身の配合など、キャベツは産地や栽培法などが問題になる［1］。

次に、工場での作業が変わる。季節に合わせて下処理やスタンバイの方法、作業時間などを変えないと食味を保てない。また冷凍方法を、緩慢冷凍から急速冷凍に変えるなどの対策も必要である［2］。

さらに現場での調理機器が問題になる。餃子を焼く鉄板の温度が高く、かつ一定に保てるような機器が必要である。当然、それに合わせて焼き時間や加える水の量も変わってくることになる［3］［4］。

餃子を焼く際に加える水の量が変われば、それに合わせてマニュアルが変わる。食材や設備が変われば作業方法が変わり、トレーニングの内容や到達目標も変わってくる。つまり、新しいスタンダードの実現に向けて、企業全体が一気に動き出すのである。

これこそが、本当の意味での商品のブラッシュアップである。日本の多くの外食企業でブラッシュアップと称しているのは、多くは調理方法の小手先の変更に終始している。スタンダードの向上がなければ、ブラッシュアップとはいえないのである。

このように、スタンダードは企業にとって出発点であり、同時に永遠の目標である。このことがまず、企業の中に明確に位置づけられていなければならない。

第1章ではまず、そのスタンダードを実現するための、店長のオペレーション技術について解説していく。

第1章　オペレーションと準備の技術

1　オペレーションの目的とは

オペレーション技術を考える時に、まずはっきりさせておかなければならないのは、その目的だ。オペレーションとは、具体的には調理作業や接客作業を指すが、何のためにそれをするのか、ということである。

出発点は、お客さまの満足度である。仕事の目的はお客さまの満足を得ることであり、そのために必要なのは会社としてあるべきＱＳＣ（quality, service, cleanliness）を、お客さまに提供することだ。

つまり、お客さまの満足を得られるように、ＱＳＣのスタンダード（あるべき基準）を店舗で実現すること。これがオペレーションの目的ということになる。

お客さまの満足を得た結果が、すなわち来客数となり売上高となる。オペレーションによって具体的に達成すべき第一の目的は、来客数の確保であり売上高の増加である。

次に、人件費と原価を主とした変動費を適正に使うことである。人件費のコントロールと原価のコントロールを同時に実現するのがオペレーションであり、そのための技術が大切となる。人件費はサービスの質に、原価は商品のおいしさに影響し、それを適正に使うことはお客さまの満足に直結しなければならない。

その結果として、利益を確保していくこと。これが3つめの具体的な目的である。いくらお客さまの満足を高めるためとはいえ、経費を際限なく使っていいものではない。企業存続の条件である利益確保ができなければ、そのオペレーションは意味がない。

経営理念の実現こそが目的

こういうことがまず、きちんと整理されていないと、よいオペレーションは実現できない。いちばんいけないのは、オペレーションの目的が単なる〝作業〟になることだ。

料理をつくる、接客をする。それだけで作業は完了する。しかしオペレーションというのは、一方的に作業をすることではない。その接客や調理作業の結果がお客さまに伝わり、お客さまから評価されて初めて、それは仕事になる。そこで働く人たちも仕事に対する誇りを持つことができ、人間として成長する。

このことを店長自身がまず理解し、それを部下にもきちんと教えていかなければ、店舗は単に作業をするだけの場になってしまう。それでは「トップの思いを店舗で実現する」という、店長にとってもっとも重要な任務を果たすことはできない。

このことをさらに言い換えれば「経営理念の実現こそオペレーション」ということになる。だからこそ、お客さまの満足を得ることがオペレーションの目的である、という考え方を、徹底する必要があるのだ。

そのうえで、オペレーションは2つの部分で構成されているということを知っておかねばならない。2つの部分とは「科学的な部分」と「心の部分」である。

科学的な部分とは、すなわち数字で表現できることである。調理作業においては、これがオペレーションの評価の8割を占める。一人前の使用食材ごとの分量、調理の手順といったことであり、これはレシピと調理マニュアルによって表現されている。

しかし残りの2割は、心の部分で占められていなければならない。それは調理でいえば、一つひとつの作業をきちんとやること、基準に合致しない商品は決してデシャップ（キッチンからフロアへ調理された商品が渡される場所）を通過させないこと、になる。つまり、お客さまの満足こそすべてに優先するという考えこそが、心の部分なのだ。

利益の確保よりもお客さまの満足、すなわちQSCのスタンダードが優先されているからこそ、ダメな商品はつくり直すわけだ。これが逆になっていれば、もったいないから出してしまおう、となってしまう。

接客作業については、調理作業とは逆に、心の部分が8割を占める。決められた手順通りにやるのは2割にすぎない。なぜなら接客作業とは、お客さまに直接相対して行なうオペレーション技術だからだ。客数の状況、注文の入り方、お客さまの入退店のタイミング等々、想定通りに進むことはほとんどない。常に臨機応変な対応が求められるのが接客作業である。

臨機応変といっても、全員がバラバラに動くのではない。そこには個人ごとの仕事の役割とルールが必要であり、それについては後述する。

ここで重要なことは、接客作業においては手順通りにやっているだけでは、お客さまの満足は決して得られないということだ。常にお客さまの満足を意識して動かなければならない。それが、「接客作業は心の部分が8割を占める」ということの意味なのだ。

一人ひとりの役割を明確に

こういうオペレーションについての基本概念を共有したうえで、店舗にかかわる一人ひとりの役割を明確にしていく。その分業化がオペレーションを指揮する出発点である。

まず、店長の役割は何か。これは「QSC維持のための最終管理者」となる。あくまで管理者であって、実働する人ではないことに注意してほしい。つまり、QSCが維持できなくなりそうな時に、その要因を事前に防ぎ維持できる状態にすることが、店長のオペレーション上の役割なのである。

具体的には、ホールでサーバー（ホール作業を行なうサービス担当者）の手が回らない状況になった時、そのカバーに入る。キッチンでスタンバイされた食材や皿類が足りなくなりそうな時、それを補充する。常に状況を把握し、起こりうる事態を予測して、ＱＳＣの低下を招かないように作業の流れを円滑にしていくことが、店長に求められる。

つまり店長は、オペレーションの中に常に入っていても、ポジションとしてはどこにも属していない浮いた状態なのだ。

特定の作業にかかりきりになっていては、店舗のＱＳＣの状態は把握できないし、ましてや低下しているオペレーションを立て直すことなどできない。

実働部隊としてのオペレーションの主役は、チェーンレストランにおいてはパート・アルバイト（ＰＡ）を主力とした従業員である。そして、ここでは「分業」が基本になる。

分業とは文字通り、仕事を１人ごとに分担することだ。調理作業においては、グリドルやフライヤーといった作業種類別および調理機器ごとの分業、あるいはサラダやメインディッシュといった品種作業別の分業がある。また接客作業では、テーブル担当制、ゾーン・エリア担当制といった分業の仕方が一般的である。

いずれにしても不可欠なのは、作業の種類と、一人ひとりの従業員が担当する範囲が決められていることである。それなくして分業はありえないし、従業員のオペレーション能力を高めるための教育訓練もできない。

そしてもうひとつ重要なことは〝分業で発生する隙間を埋める〟チームワークである。隙間というのは、分業している従業員が自分1人では対応できなくなる状態のことであり、現場では必ず起こる。繁忙時の接客オペレーションでは、その場面が随所に発生する。先に、接客は常に臨機応変な対応が求められると述べたのは、そういう意味だ。

隙間を埋めるには、従業員が自分の担当分だけをこなすのではなく、お互いにフォローする必要がある。この点にこそ、接客オペレーションにおける「心の部分」があるわけだが、しかしそれは従業員各自の「心がけ」だけに頼るということではない。

そこでは、どういう場合に、どのようにフォローに入るのかというルールが必要である。

2　分業とチームワークの基本

オペレーションの基本は仕事を1人ごとに分担すること、すなわち「分業」である。その分業がきちんと機能するには、作業の種類と従業員一人ひとりが担当する仕事の範囲が決められていることが不可欠。その決まりが教育訓練の成果を上げる。

しかし実際の営業現場では、あらかじめ決められた範囲に沿って仕事が進んでいくわけではない。予測を超えて客数が多くなったり、特定の品目に注文が集中する、といった不測の事態がいつも起こりうる。

そこで重要なのがチームワーク、つまり分業で発生する隙間を埋めていく助け合いである。従業員同士がお互いに、お客さまの満足度を高めるために仲間の手がまわらない部分をフォローしていくのである。

分業の隙間を埋めるルール

そのフォローの仕方もまた、仕事の範囲を決めるのと同様にルールがなければならない。フォローが必要ということは、イレギュラーな事態が起こっているということである。冷静な判断ができにくい状況が常に起きるから、その場を1人の従業員の気付きに頼ったのでは、隙間を埋めることがなかなかできない。

それはつまり、QSCのスタンダードを維持できないばかりか、オペレーションの状況がさらに悪化していくということだ。お客さまの満足を得るどころではない。お客さまの不満が増幅していくことになる。

だからこそ、誰かがサービスができない状況の時に、誰がどうフォローするのか、を決めておかなければならない。しかもそれは、お客さま目線で何のサービスが必要かが理解

図1　キッチン5人の時の人員配置

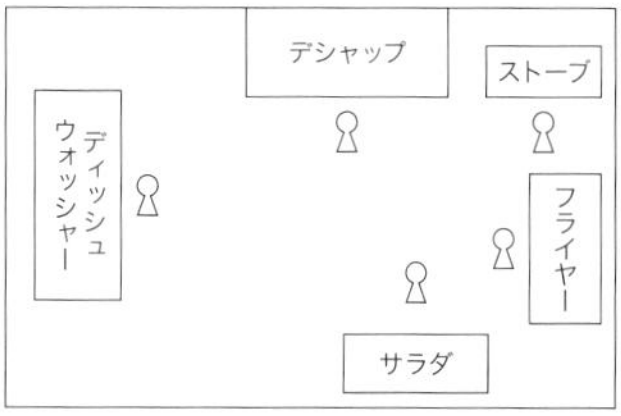

図2　キッチン2人の時の人員配置

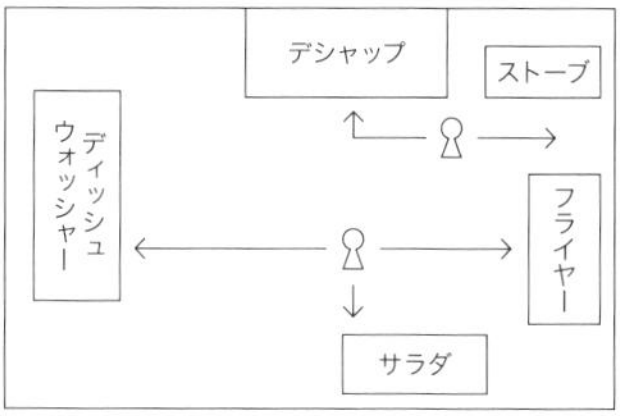

図3　ホール作業のルール例

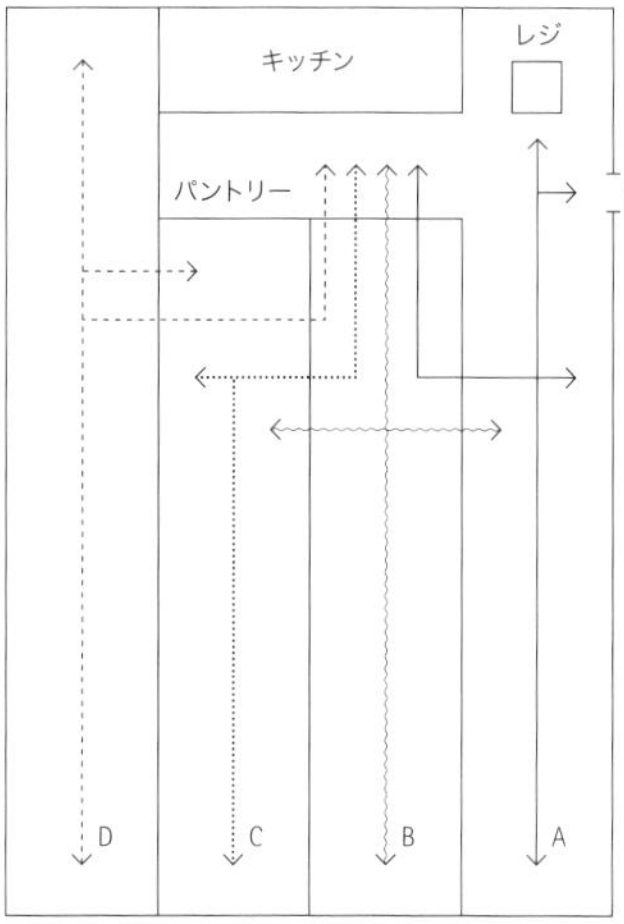

できていなければならない。たとえば、キッチンの場合では次のようになる。

　キッチン内に5つポジションがあり、客席数100席で客数80人のピーク時に、各ポジションに1人ずつ配置するとしよう（図1）。つまり、ピーク時のキッチン内の標準人員配置は5人ということになる。この場合、もっとも技術力の高い人はキッチンでのリーダーとなるデシャップを、次に技術力の高い人がストーブ（フライパンなどの加熱調理）を担当する。そして順にフライヤー、サラダと続き、いちばん技術力の劣る人がディッシュウォッシャー担当となる。

　これが客数60人になると、標準人員配置が4人となり、ディッシュウォッシャーの専任者がいなくなる。ストーブとデイッシュアップは持ち場を離れることができないから、サラダ担当の人がディッシュウォッシャーを兼任し、フライヤーの人が必要に応じてサラダの作業をフォローするのである。さらに客数が少なくなり、標準人員配置が2人の状況になると、図2のように仕事の範囲が変わる。いちばん力のある人がストーブとデシャップを担当し、もう1人が残りの作業を担当するのである。

ホール作業については、より臨機応変な対応が必要だ。前項で述べたように、接客作業は〝心〟の部分が8割を占め、決められた手順通りにやるのは2割にすぎない。だからこそ、明確なルールが必要になる。

これも図で説明しよう。図3は全体を4つに分けたゾーン制をとっていて、それぞれ4つのゾーンごとに1人が担当している場合である。

この場合、もっとも技術力の高いのはAだ。サービスでまず優先すべきは、入店されたお客さまを案内することだから、Aは常に入口に注意を向けておかなければならない。また、レジで会計を担当するのもAである。それと並行して客席へのサービスも行なうのだから、一番能力の高い人でなければ役割は果たせない。また、複数作業を行なうことを考慮して、Aの担当テーブル数は少なくしておく必要がある。

次に技術力が高いのが、一番奥の客席を担当するD。自分の担当ゾーンに加えて、パントリーとの往復時に他のゾーンのお客さまからの注文を受けることもあるからだ。また、C

のゾーンのフォローも必要である。

その次がBで、自分の担当ゾーンに加えてAが案内や会計をしている際のサービスのフォローに入る。そして、いちばん技術力の低いCが、他の人のフォローが必要ないゾーンを担当することになる。

部下の指導はOJTが基本

このようなルールに沿って、分業がきちんと機能するためには、もうひとつ不可欠な条件がある。分業化を支えるチームワークで仕事ができる人材が揃っていることだ。

だからこそ、作業についての資格認定制度がどうしても必要になってくる。キッチンでいえば、任された範囲の調理がきちんとできること。そして、必要に応じて他の調理をフォローできるかということである。単品調理だけでなく、複数調理を同時進行できるか、実務的な能力を見定めなければならない。

この資格認定制度については後ほど、トレーニングのテーマの中で詳しく解説するが、接客作業においてはとくに、実務的な能力が重要になる。その能力を高めていくために不可欠なのが現場教育、つまりOJT（on the job training）である。

店長と、ホール、キッチンそれぞれのリーダーは、日々の営業を通してOJTで、部下を指導していく必要がある。部下の作業を見ながら「さっきの動きはよかった」とか「いまは、あの人のフォローに入るべきだった」「お客さまとの会話、ちょっと少ないよ」など、ひとつの作業が終わるたびに声をかけていく。気付いた時に、その場で伝えること。これがOJTの基本である。

そう考えると、店長やリーダーがひとつの作業にかかりっきりになっていてはいけないことが、すぐ理解できるだろう。店長やリーダーが部下とお客さまの状況を把握できていることが重要だ。そのためにも従業員一人ひとりの役割を明確にしておく必要がある。

よいオペレーションができるための条件を整理すると、次のようになる。

［1］…一人ひとりの仕事の範囲とその役割を果たすために必要な能力が明確になっていること
［2］…その能力を持つ人材が揃っていること
［3］…その人材が、この客数の時には何人必要か（標準人員配置）が決まっていること
［4］…チームワークのためのフォローのルールがあること

そのうえで店長は、部下一人ひとりの能力を最大に発揮させ、QSCのスタンダードを実現し、お客さまの満足を得ていくのである。

とりわけ［3］の、標準人員配置は重要である。これが決まっていれば、時間ごとの来客数と働いている人員数を見るだけで、お客さまの満足度がある程度推測できるからである。逆に、これが決まっていないと、店長の重要なマネジメント技術である稼働計画表づくり、すなわち「ワークスケジュール」ができないことになる。

店長は、お客さまの満足を得るために、部下一人ひとりに適切に仕事を与えていかなければならない。それが〝人の準備〟をすることであり、ワークスケジュールの本質である。

3　ワークスケジュールの基本

「ワークスケジュール」は、店長にとってもっとも重要なオペレーションを支える技術である。なぜなら、ワークスケジュールをあるべき形に作成することが、マネジメントの第一の要である「売上げの機会損失をなくす」ことに直結するからだ。

多くの外食企業では、ワークスケジュールが単なる「勤務予定表」になってしまっている。確かにワークスケジュールは、従業員一人ひとりの働く時間と時刻を示したものだが、それにとどまるものではない。

来店されるお客さまに対して、スタンダード通りの商品とサービス、クレンリネスを提供するために必要な人の「数」と「質」を用意することが肝心だ。これがワークスケジュールを作成する本来の目的である。言い換えれば、お客さまの期待にきちんとお応えするために、店の体制をつくりあげることである。

外食業に限らずサービス業は、お客さまは予告なく来店される。そのお客さまに対応できる人員が最低限、常に揃っていなければ、お客さまの不満を招き、店の人気を落として売上げは激減することになる。

店長は、店舗で売上げを上げて経費をコントロールし、利益を確保する責任を負っている。利益確保のためには、部下を訓練して一人ひとりの技術を高めて、労働生産性を上げていくことが必須の条件である。

しかし、そもそも来店されたお客さまに対応できる体制がなければ、第一の責任である売上げの確保ができない。それは、店長の最大の任務であるＱＳＣのスタンダードを店舗で実現できていないということである。

ワークスケジュールは、店長がどのような店にしたいのか、あるべきＱＳＣのスタンダードを実現し、労働時間をコントロールして利益に結びつけるかを、人の数と質で示したものだ。単なる勤務予定表との最大の違いは、この点にある。

店長の技術を生かすルール

そう考えると、正確なワークスケジュール作成のためには、次の２つの条件が整っている必要がある。

・時間帯ごとの客数予測が正確であること

・想定される客数に十分対応できる、技術力を持った人が必要な数だけ揃っていること。

そこで店長には以下のような技術が必要になる。

［1］…時間当たりの客数を正確に予測する技術
［2］…適性のある人を採用する技術
［3］…部下をトレーニングする技術
［4］…トレーニングの結果を評価する技術

の4つである。

しかし、店長がその技術を持っていればよい、というわけではない。前提となるのは、店長が技術を駆使してワークスケジュールを正しく作成できるような会社としてのルールがあることだ。それが「分業」と「標準人員配置」である。

分業とは、仕事の内容を1人ごとに作業別に明確にすることだ。そのためには作業の種類と、一人ひとりが担当する仕事の範囲があらかじめ決められていなければならない。

そのうえで「この客数の時には、この能力を持った人材が何人必要」というルールが必要で、それを標準人員配置という。そのルールに従って、キッチンと客席の作業を個人ごとに分業していくのである。これが店舗でのオペレーションの形の基本になる。

当然のことながら、この人はどういう技術力を持っているかを、客観的に判断できる仕組みが必要だ。それが個人別の評価制度、すなわち資格認定制度である。

こういったルールと制度がないと、店長がなぜこのようなワークスケジュールにしているのか、部下は理解できない。またそれがあってこそ、部下が自分の個人的な都合で勤務シフトを変えて欲しいと言ってきても、店長はお客さまのためにスタンダードを維持する大切さを信じて「NO」と言えるのである。

そうなっていなければ、店長はリーダーシップをとれず、部下のモチベーションも上がらない。従業員の定着率は悪くなり、一人ひとりの技術力も向上しないから、店の状態はスタンダードからどんどんはずれていくことになる。まさに悪循環である。

逆に、分業と標準人員配置、一人ひとりの作業状況とチームワークについて共通認識があれば、助け合うことができる。自分がしっかりカバーしなければならないという気持ちにもなる。こうして、店舗の中にチームワークが生まれていくのである。

スタンダードこそ出発点

ワークスケジュールの制度が確立されると、店長の上司であるエリアマネジャー（AM）の店長に対する第一の指導項目が明白になる。

AMは店舗を訪れた際、まずワークスケジュール表を確認し、標準人員配置と予測客数に応じた従業員の数が配置されているかをチェックする。ただ数が揃っているというだけではいけない。その人たちの技術力からオペレーションを想像して、お客さまの満足が得られるかどうかに着目しなければならないのだ。

たとえばキッチンで、すべてのポジションに配置されている従業員が、各ポジションが担当する料理をすべてつくれる、その資格を持つ人たちであれば、スタンダードは維持できていることがわかる。逆にそうなっていないと、お客さまの満足を損なっている恐れがあるから、その現状と対策について店長に確認し、修正を指導しなければならない。

ここで大事なのは、標準人員配置とは「最低必要な人員数」を決めたものであるということだ。この技術力を持った人が最低これだけは必要という数字だから、配置されている人の能力が低い場合は、標準人員配置よりも多い人数が出勤していなければならない。たとえば、トレーニング中の従業員がいる場合などは、意図的に多く配置する必要があるわけだ。

キッチンでは、標準人員配置の人数が少ない時間帯は、多い時間帯と比べて技術力を持った従業員で構成されている必要がある。オペレーションの分業では、人数が少なければ複数の作業を担当することになるので、能力の高い人でなければ対応できない。つまり、キッチンの標準人員配置が1人の時間帯には、全メニューの調理を正確に行なえる人でなければならないから、高い技術力が要求される。

この背景にあるのは「スタンダードの実現こそがオペレーションの目的である」という考え方だ。ワークスケジュールでは、まずこのことを明確に、共通認識として持たなければばならない。そうではなく、利益追求が一番の目的になっていれば、客数の少ない時間帯は未熟練者で、できるだけ少ない従業員で担当させよう、となってしまう。その結果、スタンダードは崩れ、売上げ低下→利益低下という悪循環を招くのである。

4　ワークスケジュールの具体例

次頁の表は、ワークスケジュール表のモデル例である。本来はホールとキッチンが1枚にまとまっているのだが、ここではスペースの関係からキッチンのみ掲載した。

標準人員数との差がポイント

まず、一番上に時間帯ごとの客数予測が記入されていることに注目してほしい。これは店長が自ら来客予測するのだが、そのためには来客数を予測するルールが決まっていなければならない。予測の方法で多く採用されるのが、過去数週間の同じ曜日の1時間当たりの実績平均、直前の週の実績や既存店の前年比の来客数などをベースにして、店長自らが得た地域の情報を加えて行なう方法である。

予算	536 名
予測	536 名

	11	12	13	14	15	16	17	18	19	20	21	22	23
予想客数	60	76	38	19	13	19	55	81	69	59	30	12	5
時間帯客数	193 名				87 名			209 名			47 名		
時間帯売上	176 千円				87 千円			216 千円			54 千円		

		9	10	11	12	13	14	15	16	17	18	19	20	21	22	23
クッキングライン				3	4	2	1	1	1	3	5	4	3	2	1	1
D／W　B／B					1	1	1			1	1	2	2	1		1
PR・開閉店			4.5												2	
標準人員数			4.5	4	5	3	2	1	1	4	6	6	5	3	2	2
計画人員数			6	4	5	5	2.25	1	1	3.5	5	5	4.25	3	3	3
対標準差異 ±			+1.5			+2	+0.25			-0.5	-1	-1	-0.75			+1

資格認定					No.	氏名
DC	ST	CO	PR	DW		主任
	ST	CO	PR	DW		社員1
		CO	PR	DW		社員2
DC	ST	CO	PR	DW		トレーナー1
	ST	CO	PR	DW		PA1
	ST	CO	PR	DW		PA2
			PR	DW		PA3
						PA4
		CO	PR	DW		PA5
			PR	DW		PA6
DC	ST	CO	PR	DW		PA7
			PR	DW		PA8

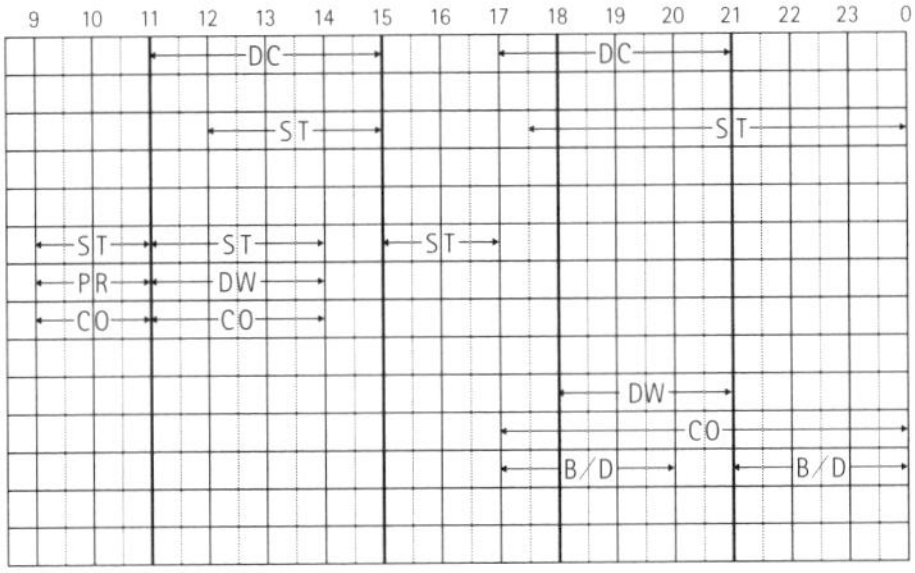

		9	10	11	12	13	14	15	16	17	18	19	20	21	22	23
実績標準人員数			5	5	5	4	2	1	1	4	6	6	6	4	3	3
実績人員数			6	4	5	5	2.5	1	1	3.5	5	5	4	3	3	3
対実績標準差異 ±			+1	-1		+1	+0.5			-0.5	-1	-1	-2	-1		

	11	12	13	14	15	16	17	18	19	20	21	22	23
実績客数	81	78	66	20	2	16	55	81	65	63	32	23	9
時間帯客数	245 名				73 名			209 名			64 名		
時間帯売上	223,253 円				68,884 円			209,515 円			66,892 円		

＊資格認定の DC ＝デシャップコントロール、ST ＝ストーブ、CO ＝コールド（サラダ類）、PR ＝プレップ（仕込み）、DW ＝ディッシュウォッシャー

この技術がきちんと確立されてくると、時間帯ごとの客数の予測と実績の差は、大きくても5％以内に収まってくるものだ。大事なのは、先に述べた実績値や地域のデータについて、店長が必要な時に、即座に入手できる状態にしておくことである。

その予測をもとに、時間帯ごとに従業員に作業を割り当てていくわけだが、予測客数の下に、「標準人員数」と「計画人員数」、その差である「対標準差異」を記入する項目がある。ここが重要なポイントである。

標準人員数は前項で説明した通り「来客数に応じて従業員を何人配置するか」を示したものである。前頁の表では、ランチタイムには客数18人について1人を配置するというルールになっている。12時〜13時は予測客数が76人なのでキッチンは5人、13時〜14時は38人なので3人となっているわけである。

計画人員数は、実際に働く予定の従業員の数のこと。標準人員数に準じるのが基本だが、そうとは限らない。トレーニングのために意図的に多く配置することもある。

表の中央にあるのが、具体的に誰が何の作業をするのかを示したシフト表である。ここでは表の左端にある「資格認定」に注目してほしい。キッチンのどの作業について、スタンダードをきちんと実現できる能力があるか、個人ごとに示してある。この店ではどういう技術力を持つ人がいるのかを示すと同時に、適任者にきちんと作業を割り当てているかも、ワークスケジュール表を見ればわかるのである。

一番下にあるのが、実際に結果はどうだったかを示すものだ。「実績標準人員数」は、実績客数に準じた標準人員数、「実績人員数」は実際に働いた人の数である。その差もきちんと記入しておく。

店の状態や課題がすべてわかる

この表を見ると、店長が店の来客数をどのように予測し、それにどう対応し、結果はどうであったかが一目瞭然である。そしてそれこそが、ワークスケジュール表を作成する最大の目的なのだ。

たとえば11時～12時の時間帯では、店長の客数予測は60人だが、実績は81人だった。結果として、標準人員数より1人少ない人数でオペレーションしている。ということは、スタンダードが実現できず、お客さまの不満を招いた可能性がある。

ここで、店長の上司であるAMは、営業日報を見て「提供率」をチェックする。これは、全注文（伝票枚数）に対して、提供時間の基準を守れた伝票枚数がどれだけあったかを示す数字で、時間帯ごとに計測し、分析・報告する。この数字が低ければ、お客さまの満足を損ねているわけだから、AMは店長に指摘し、改善を求めるのである。チェックすべきは提供率と、最大提供時間である。商品提供の遅れは、売上高と利益の機会損失を発生させる要因だからだ。

また、客数予測と実績の差は、近隣のイベントなど地域の催事の情報漏れなどに起因しているので、指導の対象になる。

つまりワークスケジュール表を見れば、店の状態はどうか、問題点はどこにあるのか、店長自身の課題は何かがすべてわかるのだ。逆に、それがわからないワークスケジュール表は単なる勤務予定表にすぎず、意味がない帳票になる。

一番いけないのは、ワークスケジュール表が人件費コントロールのためだけの道具になってしまうことである。あくまでスタンダードを実現するための標準人員配置があって、そのルールと、店長自身の客数予測技術をもとにして人員を配置していく。お客さまに料理とサービスのスタンダードを提供できるように人と食材（発注と仕込み）を準備し、その結果としてよいオペレーションを実現することが、ワークスケジュールの目的なのである。

このことは同時に、店長のリーダーシップの確立にもつながる。店長が来客数をどう予測し、スタンダードを実現するために誰にどんな仕事を期待しているかが、そこに示されているからだ。それこそが、店舗で働く部下のモチベーションアップにつながっていくのである。

5 ワークスケジュールの重要性

ワークスケジュールは単に勤務シフトを決めるだけのものではない。店長が、スタンダードを実現するためにすべてのスタッフに何を期待しているのか、どのような結果を出したいのか、店と個人の課題は何なのか、といったことが、すべてここに示されているのである。

ワークスケジュールを運用していく店長やAMの取組み方と、企業として整えなければならない仕組みについてまとめておこう。

店長のリーダーシップこそ大事

まず、ワークスケジュールは、あらかじめ決められたルールに則って運用されなければならない。従業員が安心して働けると同時に、従業員の能力向上のために使用され、モチベーションアップにもつながる重要な道具になってくる。

ワークスケジュールの作成は「勤務する日の2週間前までに」が鉄則だ。従業員の大半を占めるPAは、必ずしも仕事中心の生活を送っているわけではない。仕事に優先してやらなければならない用事もあるわけで、そうした個人の都合を考慮して勤務シフトを決めるために、ある程度の時間的余裕は必要である。

かといって、個人の都合ばかりを優先するのではない。ここで不可欠になるのが店長のコミュニケーション力である。来客数予測と他の従業員の予定、店が抱える課題などを踏まえて「この日は、あなたに勤務に入ってもらいたい」ということを、店長から部下に対して説得力のある形で伝えていく必要も多々ある。

先に説明したように「資格認定制度」があることも、店長と従業員のコミュニケーションを図っていくうえで不可欠だ。一人ひとりの能力が明確になっているから、「なぜ自分が必要なのか」を本人も納得できる。どうしても都合がつかない場合は、同じ技術力を持った人に代わりをお願いする、といった従業員同士のコミュニケーションも、自発的に生まれてくる。これも店舗における重要なチームワークのひとつである。

店長と部下のコミュニケーションは、一方通行になってしまったり、上からの押し付けばかりであってはいけない。個人の都合を勘案しながら、あらかじめ決められたルールに則り、かつ店舗でスタンダードを実現できるように一人ひとりの働き方を決めていくことが大切だ。これがワークスケジュールの基本なのである。

ここでいうルールとは、来客数予測であり、その予測に基づいた標準人員配置である。この客数であれば、各職種の技術力を持った人が何人必要、ということが示されているから、店長はそのルールに基づいて自分に勤務を要請しているのだ、と納得できる。

このルールがないと部下は、店長が個人的な好き嫌いで一人ひとりの勤務を決めていると受けとめてしまう。当然、定着率は悪くなるし、店長が交代するたびにベテランのPAから辞めていくことになり、店のモチベーションは下がりオペレーションも弱体化していく。

もうひとつ、店長がリーダーシップをとっていくために不可欠なことが「部下の評価は、店長から直接本人に伝える」ことだ。

部下の採用とトレーニングは、他の人に任せてもかまわない。とくにトレーニングについては、店長に代わってOJT教育ができるトレーナーを育成していくことは、店長の重要な任務のひとつだ。しかし、資格認定制度に基づいて部下を評価し、その評価になった理由を伝えることは、店長自身が責任を持ってやらなければならない。

日本の外食企業では、店長の上司であるAMが店の従業員に評価の結果を伝えるケースが多くみられるが、それでは店長がリーダーシップをとれない。店で働く者にとって、自分のことを店長がどう評価しているのか、それによって時間給がどう変わるのかは最大の関心事だ。それを店長から直接聞けないのでは、店長と部下との間で信頼感を高めることは難しい。

店長教育プログラムの柱に

間違った〝現場主義〟を標榜し、店長にすべての裁量を任せていると自慢する企業に限って、店の状態がどんどん悪化していくものであるが、それはワークスケジュール作成の方法がまったくできていないためである。

企業としてめざす状態やルールが示されないままに、一方的に「自分で考えろ」と言われても、店長は具体的に行動できない。店長の個人的な考えを押し付けていくと一時的には成功しても店長が代われば必ず店の状態は悪くなる。部下からの信頼を得ることができず、リーダーシップもとれないのである。

企業としてあるべきスタンダードと、それを実現するためのルールがあって初めて、店長自身は具体的に何をすればよいかを考えることができる。自分で客数を予測して、予測がはずれた場合は、なぜはずれたのか、どうすれば正確に予測できるのかを再検討していく。部下に欠けている技術力は何かを観察し分析して、どうトレーニングすればよいかを考える。これらはいずれも、ワークスケジュールをきちんと記入作成して、運用していくと好結果を生む。

こう考えると、ワークスケジュールの技術を身につけ活用することが、店長教育の最重要テーマであることがわかる。

店長教育プログラムの中に、ワークスケジュール技術の習得が最重要課題として位置づけられていなければならない。そこで習得すべき具体的な技術が何かは、すでに解説したが、ここで再確認しておこう。以下の4つである。

[1]…1時間当たりの客数を正確に予測する技術
[2]…適性のある人を採用する技術
[3]…部下をトレーニングする技術
[4]…トレーニングの結果を評価する技術

先に述べたコミュニケーションは、［4］の技術に含まれる。評価の結果を本人に伝え、各人の課題を与えるとともに、部下のモチベーションを高めていくうえで欠かせない。

これらを計画的に身につけていくことが、店長になるための必須課題であると明確に示されている必要がある。また、そのためのテキスト、技術認定の評価基準も用意されていなければならない。

その教育を通じて、店で何を大切にしなければならないか、すなわち企業としての考え方、ものの見方を身につけていく。ワークスケジュール技術の習得こそが、店長になるための必須条件であることが示され、そのための教育プログラムが何よりも優先されていることが不可欠である。

逆に言えば、ワークスケジュール技術の習得のカリキュラムがきちんとできているかどうかは、その企業の店長教育の有無を判断する物差しにもなるのである。

6　オペレーション時の店長の動き

ここまで「オペレーション技術」について解説してきたが、これから述べるのは店長自身の動き方についてである。実際のオペレーションのリーダーとして、店長はどのように参加すべきなのか、ということだ。

活気のある店をつくっていくために、店長自身が元気いっぱいでなければならないのは当然のことである。しかしそれは、やみくもに動き回るとか、大声を出し続けるといったことではない。店長の仕事のうち、身体を使う作業は3分の1であり、残り3分の2は観察と頭を使う仕事である。このことを、まず認識する必要がある。

主役は部下。店長はフォローに

店のオペレーションについて、店長の重要な任務は3つある。

ひとつは、よいオペレーションをするための準備である。部下をトレーニングして人を揃え、発注とスタンバイによって食材を準備しておく。そして、クレンリネスを徹底して、お客さまが気持ちよく食事していただける環境をつくる。これらが、店長がやるべき準備の中身である。

次は、営業時間中のオペレーションのコントロールだ。お客さまの状況に合わせて、タイミングのよいサービスができるように、部下の仕事の流れを円滑にすることである。

そしてもうひとつが、オペレーションの結果分析だ。部下の仕事のよかった点、悪かった点を伝え、技術力向上を図るとともに、よりよいチームをつくっていく。

このことは主に2番目の任務に深く関係するが、ここで大事なのは、店長はお客さまの状態を常に観察していなければならない、ということである。お客さまの満足をきちんと得られているか、もし足りない部分があればそのことに気付き、それを自分がどう補うかを考えていなければならない。

ところがここで、次のような間違いを犯してしまう店長が多いのである。

ひとつは、店長自身が作業にのめり込んでしまうことだ。店全体が見えず、お客さまの満足度も、部下の不安も把握できない。

もうひとつが、部下の作業を店長が奪って混乱を招くことだ。こうなると、店長は本来の仕事ができないし、部下も自分がどう動いてよいのかわからなくなってしまう。

これは「店長＝最高の作業者」という誤った理解によるものだ。確かに店長は、すべてのオペレーション作業を担当する技術力を備えている必要がある。しかし、それは営業時間中なんでもやる、という意味ではない。小型店ならまだしも、客席数100席といった規模になると、それで店が回るはずはない。

オペレーション時に店長は、決して主役になってはいけない。主役はあくまで部下である。部下が安心して仕事ができるように、店長がフォローしていく。それによってどんどん客数が増え、お客さまの満足度が高まるようにすることが、店長の役割なのだ。

では具体的に店長は、何に注目すべきか。とりわけ重要なのは次の3つである。

［1］……料理提供のスピード
［2］……新しく来店されたお客さまへの対応
［3］……お客さまが退席された後の片付け

これらの作業について、とくに繁忙時に遅れが生じていないかを常に確認する。遅れている場合はフォローに入るわけだが、その際にも注意すべき点がある。

たとえば、店長が［2］の作業にかかってしまうのは危険である。なぜなら、来店客への案内は時間がかかり、その間の店の状態が見えなくなってしまうからだ。店長自身が作業をするのではなく、ホールの従業員がお互いをカバーし合って来店客に対応するよう、日頃から訓練しなければならない。

店長が優先してやるべきは、［3］のバッシングである。これは、1人でやるより複数人数でかかれば確実に効率が上がり、かつ店内を見渡しながらでも作業ができるからだ。店長がフォローすることで部下は楽になり、客席回転がよくなって客数が増えていく。つまり、よい循環ができていくのだ。

キッチン作業は5分間が限度

［1］の料理提供の遅れについては、テーブルサービスレストランの場合、デシャップに置かれた未提供の伝票の数で判断する。メニュー数や調理工程で違いがあるが、これには

ルールが必要だ。シンプルなメニュー構成の場合で7〜8枚、ファミリーレストランのような総合型メニューの場合で5枚くらい伝票がたまったら、店長がキッチンに声をかけ、遅れの原因を確認するのである。

店長の声かけに応じて、キッチンリーダーは「ガロニ（付け合せ）の盛付け作業が遅れています」とか「サラダのスタンバイが足りません」と答え、店長のフォローを要請する。つまり、キッチンリーダーが全体の作業の流れをきちんと把握している必要があるわけである。

この要請に応えて、店長はキッチン内の作業に加わるのだが、これはあくまで補助でなければならない。間違っても、リーダー役になってはいけない。なぜなら、キッチンリーダーはキッチンの指揮者であり、それをすると、店長がキッチン作業から抜けられなくなってしまうからである。

店長がキッチン内にいてもよい時間は、ごく短時間である。せいぜい3分間、長くても5分間を限度とすべきだろう。その間、店長は客席の状態（＝お客さまの満足度）を把握できなくなるのだから、その時間はできる限り短くしなければならない。

オペレーション参加時の店長は、基本的にホールにいること。そして、そこで実際にやる作業をとことん限定すること。この2つを肝に銘じておくことだ。

実際問題として、不慣れなPAがオーダー受けの作業でまごついていたりすると、店長は作業を代わってやりたくなるものである。しかしそれは先述したように、部下の仕事を奪うことに他ならない。そして、オーダー作業に集中している間、店長は店の状態が見えなくなる。

ではどうするのか。こういう場合は、作業の習熟度が高いPAに対して作業をフォローしてあげるようにサゼスチョンするのである。その前提になるのが、前述した標準人員配置に基づく分業と、従業員同士がお互いにどうフォローしていくのかを決めたルールである。

そのルールに基づき、お互いがフォローし合うことでチームとしての運営効率を高めていく。つまり、オペレーションに参加している時の店長は、そうしたよい習慣をつくっていく役割も担っているのである。

また、店でのオペレーションは、それ自体が現場教育、つまりOJTの場でもある。店長は、オペレーションへの参加を通じて部下の能力を高めていく役割も担っているわけである。そして、そのためには注意すべきいくつかのポイントがある。

7 店長がオペレーションに参加する意味

店長の役割は店に〝安心感〟を生み出すことにある。店長が常に客席にいて、オペレーションの状態を確認していれば、お客さまは安心して食事ができる。もうひとつは部下の安心感である。店長が自分の仕事ぶりを見てくれている、必要な時にはフォローに入ってくれる、という安心感があって初めて、部下は自分の力を発揮することができる。

店長がオペレーションに参加する目的は、部下の仕事をスムーズにすることに加えて、部下の仕事ぶりをきちんと確認し、できていないことは的確にトレーニングしていく。これがまさしく現場教育、すなわちＯＪＴだ。

米国の店長に学ぶＯＪＴ

日本の外食チェーンでよく、営業時間中に店長あるいはトレーナーが新人について、一緒にオーダー受けなどをしている光景を目にする。これをＯＪＴと称している向きがあるが、それはまったくの間違いだ。

ＯＪＴはまず、長々とやるものではない。通常は1秒、長くても3秒で終わるべきものだ。どういうことか、米国の実例をもとに説明しよう。

米国のレストランチェーンの、繁盛店の店長の動きには本当に驚かされる。ピークタイムにはものすごいスピードで店内を動き、一時として同じところにいない。日本から外食関係者を視察に案内した際には、店長の後について仕事の内容を記録するという課題を与えるのだが、ほとんどの場合ついていくことができない。

何よりすごいのは〝会話の豊富さ〟である。お客さまと目が合えば、挨拶はもちろん、食事の満足度はどうか、何か不足していることはないかなど、せいぜい5分ほどの間に10回、15回と会話を交わしている。

そして、それ以上に多いのが部下との会話だ。といって、長々としゃべっているわけではない。かける言葉はほんのひと言、それこそ1秒で終わる会話である。

そしてそれが、きちんとOJTになっているのである。なぜなら、それは部下の仕事ぶりをほめる言葉であったり、できていない仕事は何かを指摘し、改善を求める言葉であったりするからだ。

たとえば、よいサービスができている部下には「Good job!」、お客さまと接する際に笑顔がない部下には「Smile!」、といった具合である。前者は励ましの、後者は不足する動作や表情を指摘する言葉掛けである。

日本においても、それは同じことである。入店されたお客さまの案内が遅れている場合は「入口、頼むよ」と声をかければよい。よい笑顔でサービスできた時には「いまの笑顔いいね！」と、たった1秒で済む。その場ですぐにほめたり、具体的に課題を与えていくことがOJTの基本だが、それは店長がオペレーションに参加している時がもっとも効果的だ。

もちろん、そのＯＪＴが効果を発揮するためには、これまでにも述べたオペレーションのルールを明確にすることが不可欠である。

たとえば、お客さまの案内が遅れている時に、入口を担当する人が他の作業にかかっている場合。ここでは、それをフォローすべき人の動きが問題になる。きちんとフォローができていない時は、その人に対して「入口、頼むよ」と声をかける。すると、その人は「ああ、自分はフォローすべきなのにできていなかった」と、自分の役割は何かを再認識することになる。同時に、自分が取り組むべき課題が何かもわかるのである。

店長は、部下に対して「自分の役割」を意識させ続けなければならない。それが、店長がオペレーションに参加している時の一番大事な仕事なのである。

ＡＭは全セクションに参加する

店長の上司であるＡＭは、店長がそうした本来の仕事ができているかどうかを、担当する店を訪れた際はきちんと確認する必要がある。しかしＡＭは、単なる店長のお目つけ役ではない。訪店のたびに逐一、店長ができていないことを指摘することがＡＭの仕事ではないのである。

ＡＭにとって大事なことは、よいオペレーションを実現できている店長が具体的にどういうことに取り組んでいるかをしっかりと把握することである。そして、それを店長会議などで常に話題にしていく。店長のあるべき姿とは何かが、会社にとって最重要のテーマになっていることが大事なのだ。

AMは訪店時には、店のオペレーションに参加しなければならない。しかも必ず、ピークタイムである必要がある。ワークスケジュール表を見て、ランチとディナーで人が大きく入れ替わっている場合は、両方のピークタイムに入る。

そして、店のマネジメントの状態と、それが客数の増減にどう関係しているかをしっかりとチェックする。そこで、店が抱える課題を抽出していく。それは店長自身のマネジメント力にかかわる問題もあれば、部下のトレーニング不足など、人を介して解決していくべき問題もある。大事なのは、さまざまな課題をきちんと整理して指摘し、店長がその解決に取り組みやすいように方向づけていくことである。

また、AMは必ず、キッチンで全調理セクションに参加しなければならない。これによって次の3つのことがわかるからだ。

ひとつは、スタンバイがきちんとできているか。食材の質と量が規定通りかという、基本のマネジメントの状態がわかる。

次に、調理機器が本来の性能を発揮できているかどうか。ガス台の炎やバーナーの火力、フライヤーの能力などが、十分に料理できる状態になっているかどうかは、実際に調理をしてみないとわからない。

そしてもうひとつが、什器備品類の状態、および適正な数量が用意されているか。食器が足りなければ、提供時間に遅れが出る。平日のピークタイムにディッシュウォッシャーを稼働させれば全体の効率が落ちるし、人件費を無駄に使うことになりかねない。

つまり、オペレーションに参加することでAMは、店長のマネジメントの状態をつぶさに確認できる。そして、店長に対して具体的な課題を与えていくのである。

もちろん、事前に営業日報とワークスケジュール表によって、店の状態を把握しておく。すでに述べたように、ワークスケジュール表は、店長自身が店をどうマネジメントしようとしているかを示したものでもある。そこに表れている店長の意識と、実際の店の状態に乖離がある場合は、それを埋めていく。店長が何に取り組むべきかをわかっていない場合は、それに気づかせる。これが、AMが店長に行なうべき指導の中身である。

大事なのは、それによって来客数と経費の数字が変わっていくことだ。そこで、店長とAMとの間に信頼関係が生まれ、オペレーションも向上するのである。

店長もAMも、お客さまの満足度を高めて売上高を上げ、経費をコントロールして、利益を増やすことを願っている。その共通の目的を実現していくのが、よいオペレーションなのだ。

8 マネジメントは来客数予測から

先ほどオペレーションについての店長の任務の中で「店長とは準備業である」と指摘した。ここで、その準備業とは何かということを述べておきたい。

準備業とは、文字通り店がオープンする前にお客さまを迎えられるように準備をすることである。具体的には、おいしい食事と気持ちよいサービスでお客さまをおもてなしできるようにすることを指す。この準備業が完璧にできていれば、オペレーションは80％成功していると考えていいだろう。

ここでいう準備すべきものとは、大きく人とモノに分けられる。人というのは店の従業員の数と質のことだ。お客さまの来店に合わせておいしい料理を早く提供するために、また、お客さまに十分満足していただけるおもてなしができるように、適正な数の従業員がキッチンとホールに配置されていなくてはならないということである。

もうひとつが食材である。使用する食材を必要なぶんだけ発注し、それらを適切な状態でストックしておく。さらに食材が時間帯に合わせて適切にスタンバイされた状態である必要がある。

こうした準備がしっかりとできていれば、客席の回転が悪くなって売上げの機会損失を招くことはない。また、食材のロスが増え、それにともなって原価が上昇することもなくなる。つまり、経費を適正に使えることになるのである。

こう考えると、準備とは、すなわち店長のマネジメントの基本であることがわかる。

過去のデータから来客数を導く

以上述べてきた準備のために、絶対に欠かせない作業が来客数予測の技術である。これは1日、あるいは特定の時間帯にお客さまがどのような目的で、何人来店されるかをあらかじめ把握しておこうということだ。

この来客数予測をもとに、店長はワークスケジュールをつくったり、食材を発注したり、つまりは人とモノの準備をするわけだが、ここでは、まず、予測の方法について解説していこう。

予測の基本になるのは客数である。客数は通常、その店の過去の実績をもとに予測していく。具体的にはこれから述べる数値を参考にする。

まずは、過去4週間の平日、土曜、日曜・祝日の3パターンの来客数を出す。そうすると、パターンごとの来客数の傾向は似ていることが判明する。

もうひとつは、前年度の同曜日の客数である。たとえば、2011年の12月の第2金曜日の来客数予測をしたければ、1年前である10年の12月の第2金曜日の実績を見ればいいわけだ。

これらの数値に加えて、前年と今年の数値を比較して客数の増減の傾向をつかむ。仮に前年のランチの時間帯の平均客数が100人だったとしよう。その数値と直近の4週間とを比べた場合、直近の4週間のほうが高い数値で推移していたとすれば、この店の客数は増加傾向にあると判断できるので、そのことを来客数予測に反映させる必要が生じるのである。

さらに、地域の催しものも来客数予測の重要なファクターになる。だから、店の近くの小学校で入学式や卒業式といった行事が開催されたり、地元の神社でお祭りが予定されていれば、過去の催しの時の来客数を考慮して予測をする必要がある。

具体例をひとつ挙げると、近くのスタジアムでサッカーの試合があるとする。この場合は、観衆が2万人だった時、あるいは3万人だった時に、通常の営業日と比較してそれぞれ来客数がどれだけ増えたかということを過去のデータから調べ、その結果を来客数予測に反映させるのである。

なお、新規出店の来客数予測は、開店当初は新店と似たような立地・特性の既存店のデータを参照する。オープンから1ヵ月程度経てば、その店のデータだけで予測することも可能になるだろう。

予測があってこそ食材の準備が可能

次はその予測に基づいてモノ、つまり食材をどのように準備するかだ。仮に11時～14時までのランチ帯の来客数を270人であると予測したとする。実は、この時点ですでに、スタンバイしておくべき食材の量が決まってくるのである。

たとえば、過去のデータを見ると、レタスは来客数100人当たり2kgを使用していたとする。そうだとすれば、余裕をみてレタスは6kgを準備すればいいということになる。同じようにコメを研ぐ量、ガロニとして用いるニンジンやジャガイモの量などもすべてが決まってくるのである。

さらに、過去のデータによるとランチタイムは、お客さまの約50%がハンバーグを注文していたとする。それならば、およそ140食ぶんのハンバーグを仕込んでおけばいいということになる。

このように来客数を予測し、さらに、それぞれの食材について、一定の客数当たりの消費量をデータとして把握しておけば、準備しておくべき食材の量を導き出すことができるのである。

同様に、食材の発注量も来客数予測の数値から導き出すことができる。

まずは、先ほどと同様にハンバーグやステーキ、サラダといったメニューごとの100人当たりの出数のデータを準備する。次に、それぞれのメニューの構成内容やレシピから、挽き肉、鶏肉、コメ、レタス、キャベツといった各々の食材が100人当たりどれだけ必要かを算出する。

事前にそこまでデータを揃えておけば、後は簡単である。

仮に100人当たり必要なコメの量が10kgで、その日の来客予測が600人だとしたら、必要なコメの量は60kgになる。もし、コメの在庫が20kgあったとすれば、最低でも40kg、余裕を持たせるためには50kg程度発注すればいい、というわけだ。

このような方法が確立されていれば、食材を無駄なく準備することができる。その結果として、商品を提供する際に遅れが生じることがなく、余分な仕込みをして、食材を長時間ストックする必要もないために劣化もなくなる。つまりは、サービスと商品のクオリティを高めることになるのである。

逆に店長が来客数予測をせず、本部が毎日、一定の量の食材を発注してしまうと、食材が足りなくなってメニューに載っている商品を提供できなくなってしまったり、反対に食材にロスが出て、フードコスト（原材料費）が嵩むことにつながってしまう。

9 人の準備とお客さまの満足

続いて2つの準備のうち、人の準備、すなわちワークスケジュールと来客数予測の関係、さらには採用と教育訓練の重要性について述べていこう。

従業員の準備をする時も、食材の準備をする時と同じように来客数予測が正確であることが条件になる。33頁「ワークスケジュールの基本」でも触れたが、来店されるお客さまに対して満足できる商品とサービスを提供するためには、来客数予測に対応できるように資質のある適正な数の従業員を配置しなくてはならない。そのための道具となるワークスケジュールを作成する必要がある。

ワークスケジュールとは、従業員のシフトを書き込んだだけの「勤務予定表」と異なり、来客数予測に基づいて、時間帯ごとに訓練された能力を持った従業員をホールとキッチンに、それぞれ最低必要人員を配置するということを表したものである。ワークスケジュールは、お客さまの満足を得られるように、オペレーション技術を十分身につけた人たちを十分揃えているかを示したものなのだ。

営業日報から満足度を読み解く

ワークスケジュールは「来客数に対して適正な人を配置したか」という店長の人の準備を示したものだが、「その結果はどうだったか」を記録したものが営業日報である。営業日

			11	12	13	14	ランチ	15	16	17	アイドル	18	19	20	ディナー
客数	前年		79	70	35	29	213	9	61	55	125	79	67	50	196
	予測		76	84	68	34	262	23	26	76	125	82	69	36	187
	実績		79	84	87	44	294	16	41	93	150	76	70	45	191
	差						32				25				4
売上実績							321,599				166,568				238,895
客単価							1,094				1,110				1,251
時間帯別人時売上高							4,800				6,406				5,862
ホール	標準	4.5	8	8	8	4	28	3	4	9	16	8	7	4	19
人員配置	実際	6.50	8.50	9.00	9.00	6.50	33.00	2.00	3.00	9.00	14.00	9.00	9.00	7.00	25.00
キッチン	標準	6.0	4	7	7	5	23	3.0	4.0	6.5	13.5	6	6	5	17
人員配置	実際	6.00	5.00	6.00	6.00	4.50	21.50	3.00	3.00	6.00	12.00	6.00	5.75	4.00	15.75
提供率			20	31	23	8	82	6	7		27	22	20	2	71
10分以内			71.4%	96.9%	82.1%	53.3%	79.6%	75.0%	53.8%		96.4%	84.6%	76.9%	40.0%	83.5%
			8	1	5	7	21	2	6		1	4	6	3	14
			28.6%	3.1%	17.9%	46.7%	20.4%	25.0%	46.2%		3.6%	15.4%	23.1%	60.0%	16.5%
MAX			17	16	18	15	18	13	14		14	18	17	16	18
不明			0	0	0	0	0	0	0		0	0	0	0	0

報の例を上に掲載した。この日報は、時間帯別の来客数予測と実際の来客数、さらに予測に基づいてホールとキッチンに従業員を何人配置したかがひと目でわかるようになっている。逆に言うと、この営業日報から、この店に訪れたお客さまが商品やサービスに対して満足されたかどうかということをだいたい、読み解くことができる。

具体的に12時〜13時の時間帯を見てみよう。この時間帯の来客数予測は84人である。その来客数に基づき、標準人員配置にホール8人、キッチン7人の従業員を配置している。そして来客数「実績」を見てみよう。予測と同じ84人の来客があったことがわかる。

予測と同じ来客数があったわけだから、この時間帯に来店されたお客さまには十分満足していただいたはずだが、そのお客さまの満足度を推し量るには、日報に記入された「提供率」がひとつの目安になる。

提供率は商品の提供時間をどのくらい守れたかを示したもので、時間内提供伝票枚数÷総伝票枚数＝商品提供率である。この店の場合は10分以内という規定を設けている。31組のお客さまに対して10分以内に商品を提供できなかった伝票はわずか1組だった。ピーク時にもかかわらず、96・9％のお客さまに対して規定の時間内に商品を提供できたことになるので、この時間帯に訪れたお客さまの満足度は概して高かったという判断ができる。一方で14時〜15時の時間帯を見ると、来客数を34人と予測したが、実際にはそれを上回る44人の来客があった。結果として、提供率は53・3％とオペレーションのレベルは下がっている。

このように、来客数予測が正確でなかったり、来客数予測が正しくても必要な能力を持った従業員を適正な数だけ配置しなければ、お客さまの満足度を下げることになる。結果として売上げの機会損失を招いてしまうわけだ。売上げの機会損失というのは、バッシング（食器の下げ）が遅れてお客さまを客席に案内できない、料理が早く出せないというような事態が発生した時に、テーブル回転率が下がり、本来なら得られたはずの売上高を獲得できなかった状態を指す。

大切なのは、時間帯別に来店されたすべてのお客さまに満足していただくため、調理と接客のオペレーションの状況を想像してみることだ。それなくして、人時生産性の確保のみを考えたワークスケジュールを組むとこのような事態が起きてしまう。

人件費を節約するためにできるだけ少ない人数で店を切り盛りしようとするためだが、その結果、お客さまの不満が高まり、機会損失が発生して売上げを下げてしまい、結局は生産性は下がってしまうのである。

反対にこれまで述べてきた要領で1時間当たりの来客数を予測し、その時間帯に働く従業員を適正に配置していれば、売上げの機会損失は起きず、QSCも高いレベルで保たれてお客さまが満足される。ひいては、売上げが上がり、生産性も向上するのである。

自分で考え、行動できる店長を育てる

残念ながら日本の外食チェーンでは、店長の仕事や評価が明確に捉えられていない部分があった。その結果として、店長教育が実務とは直結しない抽象的な表現に終始して、これまで述べてきたような予測や準備といった店長の仕事の技術的な部分が抜け落ちてしまっていたのだ。

店長に、次章以降に解説する採用、トレーニング、予測の技術を必要としなければ、そのぶん早く、多くの店長が生まれる。でも、それではお客さまの満足は得られず、売上げも利益も生まれない。時間や労力はかかっても、しっかりとオペレーションとマネジメントの技術を教え込み、自主的に人や食材の準備をできる店長を育てる必要があるのである。

店長がワークスケジュールの作成や食材の準備を通して、人件費や原価のコントロール

ができるようになる。つまり、自分の店をマネジメントできるようになれば、その店長は実質的にその店を経営している自覚も生まれ、仕事に対してやりがいを感じるはずだ。店長の意欲は店のQSCレベルを高めて、来客数を増やしていくのである。

店長のマネジメントのスタートは、フードサービスも小売業も来客数予測であり、商品の出数予測である。その予測の正確さが、売上げの機会損失の防止になり、無駄な経費をなくすことにつながる。

われわれの仕事は、お客さまの自由意思によるご来店と注文によって、仕事の量が決定するが、その来客数とメニューの出数には一定の枠の中で繰り返される傾向があることが、数字を追いかけることでわかってくる。もちろん例外は常に発生して、予測を覆すことがある。その例外を稀なことと捉えて、確率の高い予測方法を会社のルールとし、店長の技術に定着させていくことで、多店化の道が拓けていくのだ。

10　準備業の確立が企業を強くする

これまで店長が準備をきちんとできていれば、オペレーションは80%成功したことになる、と述べてきた。準備ができているということは、お客さまをお迎えし、スタンダード通りの商品とサービスを提供できる体制が整っていることを指す。

そのために店長には、以下の3つの技術が必要である。再度確認しておこう。

［1］…必要な技術を身につけた従業員数を揃えるワークスケジュールの技術
［2］…適切な質と量の食材を揃えておく発注の技術
［3］…時間帯ごとの客数に合わせて適量の食材を準備するスタンバイの技術

そして、その前提になるのがすでに述べた通り、来客数予測の技術である。過去のデータに基づいた来客数予測の正確さこそが、売上げの機会損失をなくし、原価や人件費を適正にコントロールしていくことにつながる。それこそが、店長に課せられたマネジメントの中身なのだ。

ルールあってこその準備

これらの技術が社内に確立されていることが、店長が準備に取り組むための前提条件になるが、もうひとつ重要なのは守るべき決まりがあることだ。

決まりとは、ワークスケジュールでいえば「標準人員配置」である。たとえば、1時間当たりの客数が20人までの時間帯はキッチン1人、サーバーは2人で対応する、といった約束事だ。発注の場合は「標準在庫」が守るべきルールとなる。これは客数100人当たりに必要な食材の数量で表される。標準在庫から現在庫を引いたものが発注量である。

このルールは、厳密に守られなければならない。先の例でいえば、ある時間帯の客数を21人と予測した場合は、キッチンは「1人でやってしまおう」ではなく、2人配置しなければならないのである。なぜならルールとは、お客さまにスタンダード通りの商品とサービスを提供し、あるべきQSCを実現していくために、最低限守らなければならない決まりだからだ。ルールがあって初めて、上司と部下は共通の目安を持って仕事に取り組めるのである。

こうしたルールを店長教育の過程で、きちんと知識として教え込むことが必要である。しかし、ただ教えただけではいけない。実践に移す前に、ルールを正確に憶えているかどうかを確認するための試験が必要である。

知識が正確に身についていれば、次に必要なのは帳票（マネジメントフォーム）の使い方だ。ワークスケジュール、発注、スタンバイを、それぞれの帳票を使って実践できるように教えていくのである。

こうした一連の取組みこそが教育である。きちんとしたルールがないから教育がなされていない。だから、各人の勝手なやり方がまかり通るようになる。それでは、うまくいかなかった場合にその原因がどこにあるのか把握できない。

逆にルール通りやっていれば、店の課題も自ずと明らかになる。たとえばワークスケジュールで、来客数は予測した通り、標準人員配置通りに従業員も配置して、それでも予定した売上げが確保できないという場合。これは以下の3つの理由が考えられる。

・現場を指揮するリーダーが、本来の役割を果たせていない
・従業員がお互いに作業をフォローできず、チームワークがとれていない
・個々人の作業レベルが低く、スタンダードを実現できていない

これがつまり、店に欠けていることであり、取り組むべき課題も明白になる。ルールに基づいてワークスケジュールをつくり、実践していくことで、誰に何を教えればよいかという教育訓練のテーマが明確になるのだ。

不測の事態を埋めるのが店長

ルールが社内に確立され、それをきちんと教える仕組みがあることが、店長が準備に取り組むために不可欠だが、もうひとつ大切なことがある。それは「ルール通りにやってもうまくいかない場合がある」ことを、店長にしっかりと教えていくことである。

矛盾しているように聞こえるかもしれないが、実はこれがレストランビジネスにおいては一番重要なことなのである。

過去の実績やデータに基づいて来客数を予測しても、常にその通りにお客さまが来店されるわけではない。また、メニューの注文率もさまざまな要因で変動するから、標準在庫

に基づいて発注をしても、食材の過不足が発生する場合がある。ルール通りにやることで、おおむね70％はカバーできるものだ。来客数予測も、社内にその技術が確立されていれば7割方は当たる。しかし、カバーできない30％は常に残るのである。これを埋めていくことが店長の役割であることをしっかりと教えていく。実はこれが、店長教育においてもっとも重要なテーマとなる。

現場では、いつも予測通りに物事が進むわけではない。予想しなかった数の来店客や、メニューのオーダーが常に入る。

30％を埋めるのが店長、という共通認識があってこそ、店長は店周辺のイベントなどの情報収集や、緊急な発注の大切さを理解することができる。すなわち、自分で考えて動くことができるのである。

AMが店長を指導する際も、このことが重要になる。ルールを大切にしながら、どうすれば予測を逸脱した現象をカバーできるか、そのために必要とする方法は何かを指導していくのである。

それは、従業員の技術力に問題がある場合もあるし、店長自身の能力、たとえば棚卸しの技術が欠如している場合もある。大事なのは、AMが実際の店の状態と店長の仕事ぶりを見て、店長が気づいていない店長の欠陥に気づかせていくことだ。

そして、自らの経験、あるいは自分の管轄下にある他の店の実例などを紹介し、店長が自発的に課題解決に取り組むよう、仕向けていくのだ。つまりAMの仕事とは、答えを出すだけではなく、答えに気づかせるコミュニケーションが必要なのである。

よいオペレーションを行なうための技術を身につけること、その前提となるルールを知識として習得すること、ルールだけではカバーできない30％を埋める努力を続けること。これらすべてが、店長が取り組むべき準備の中身である。そう考えれば、準備が店長にとってもっとも大切な仕事であることが、よく理解できるだろう。

あるべき形で準備に取り組んでいて、それでも業績が上がらない時には、メニュー内容や価格、あるいは立地、コンセプトに問題があることになる。そのことがわかって初めて、企業は新しい方針のもとに動き出せるようになる。逆に、お客さまを迎える体制ができていないところで、不振の要因をメニューや立地、販促に求めてみても意味がない。

つまり、店長の準備業がきちんと確立されていることが前提となっていて初めて、企業として次の戦略が正しく立てられるのである。

第2章　採用とトレーニングの進め方

1　大前提となる「正しい採用」

この章では「部下のトレーニング」について述べていく。きちんとオペレーションのできる部下を育成していくことは、店長が店でスタンダードを実現して来客数をふやしていくために、もっとも重要な課題である。

ここまでよいオペレーションと利益確保のために店長がやるべき「準備業」について解説してきた。なかでも、ワークスケジュールの重要性について述べたが、そのポイントが「オペレーション技術を十分に身につけた人たちを十分揃えていること」にあったことを思い出してほしい。この、オペレーション技術を十分に身につけるために行なうのがトレーニングである。

そのためにまず大事なのが「どのような人材を採用するか」ということだ。ここを失敗すると、その後のトレーニングもまったく意味がなくなる。わが社が欲しい人材を、的確に採用していくこと。これはまさに、トレーニングの大前提なのである。

わが社にとっての「適性」を明確にする

では採用のポイントは何か。それは、適性を持った人をきちんと見極めることである。ところが多くの外食企業では、この適性という言葉がきわめて曖昧に使われている。

そもそもトレーニングの前に、社内の技術として「どのような人を、どのようにして採用するか」という方法論が確立されていなければならない。そのためにはまず、わが社にとっての適性とは何かが、統一した知識として共有されている必要がある。

適性とは「必要な資質」と言い換えることができるが、外食ビジネスにおいてとくに大事なのは「お客さまに対する姿勢」だ。仕事をしていく中で、自分の都合を優先せずに、常にお客さまの満足を考えた行動がとれるか。その資質を持った人であるかどうかをきちんと判断することが、採用における最大のポイントである。当然、そのためのツールや判断基準が、採用を担当する側に与えられていなければならない。

この点について、進んでいるのがマクドナルドである。マクドナルドが、クルー（パート・アルバイト）を採用する際の基準は全世界共通で、それはQ&Aの形で明文化されている。その中には当然、適性を判断するための項目も含まれる。ひとつのQに対して複数の

Aが示され、どのAを選んだかで適性を判断するようになっている。

項目数自体は、それほど多いわけではない。しかしそのQ&Aは、マクドナルドにとっての適性を判断するうえで、必要かつ十分なものなのだ。まさしく、マクドナルド最大のノウハウのひとつといえる。

ここで重要視されているのも、先に述べたお客さまに対する姿勢である。しかもここでは、積極的な姿勢も大事にしている。たとえば、お客さまからのクレームに対してはまずお詫びをするのはもちろんだが、それをチャンスと捉える姿勢があるか。お客さまと接点を持てたことをきっかけに、新しい商品をおすすめしたり、新たな顧客の獲得に結びつくような行動をとれるか、といったことも、重要な判断基準としているのである。

このように「わが社は従業員一人ひとりに、お客さまに対してどのように行動してほしいのか」を明確にすることが、採用のスタートになっている。そして、それを社内の知識として共有化する。そのためにはマクドナルドの例で挙げたように、採用基準として明文化するのがもっとも効果的だし、採用のミスをなくすことにつながる。

しかしこの採用基準は、明文化しておけばそれでいい、というものではない。何より大切なのは、採用を担当する店長自身がわが社にとっての適性をきちんと理解し、それを自ら体現していることだ。そうであってこそ、採用をあるべき形で進めることができるのである。

まず教育プログラムを明示する

また、適性は明文化されたペーパーテストだけでわかるものではない。面接をし、相手の表情や受け答え方、会話の内容などを含めて判断すべきものである。それらを通じて、仕事に対する意欲、とりわけ新しい知識や能力を身につけようという姿勢があるかどうかを見極めていくのである。

だから面接は、店長自身が行なう必要がある。もちろん、店長を補佐するアシスタントマネジャーやパートリーダーに面接に加わってもらうのは構わないし、そのほうが多面的な評価ができるというメリットもある。ただ、その人を採用するかどうかの最終判断は店長がしなければならない。

日本の外食企業では新店オープンに際して、店長をなかなか決めず、パート・アルバイト（PA）もオープン直前にかき集め、人手が足りない部分は本部からヘルプ要員を投入してカバーする、といったことをやっている。

ストアオペレーションで大事なことは、店長を中心としたチームをつくることである。そのチームの和がチームワークをつくりあげ、お客さまに満足していただける調理やサービスを生むことになる。

新店オープンの際には、できればオープンの3ヵ月前には店長を決め、その店長を中心に採用をスタートさせる。そしてオープンの前に初期トレーニングをはじめ、オペレーションに必要な調理や接客技術を完璧に、店長のリーダーシップのもとに完成させるという方向を示しておくのだ。つまり、店長自身が揃えたチームでスタートをきる、というのがあるべき形なのである。

そしてもうひとつ重要なのが、ＰＡに対しても教育プログラムを明示することだ。具体的には、ＰＡ出身であっても店長になれる可能性があること、そういうプログラムが用意されていることが大事である。そうであってこそ、意欲の高い、わが社の求める適性を持った人材を現場で採用し、育成することにつながる。

実際に、そうしたプログラムを整えているチェーンが米国には多くある。日本でも、ＰＡ出身の店長が多くなってきた。もともと店でＰＡとして働いていた主婦の人たちが、子育てが一段落したので復帰した例もある。仕事の下地があるので昇格は早いし、コミュニケーション能力も高い。店長としてリーダーシップを十分に発揮して、実に見事なオペレーションを実現している。店長という職位に加えて、当然のことながらそれに見合うだけの報酬も得ているのである。

わが社が考える「お客さまに対する姿勢」を共有でき、自分自身を向上させていける人を的確に見極めていく。これが採用におけるポイントだが、そうして確保した人材に対してまず最初に教育すべきことは、わが社の経営理念を正しく伝えることである。

日本のダスキンが提携している米国の有力総合サービス企業、サービスマスター社の本社のエントランスには、大理石に書き込まれた経営理念が掲げられている。企業として、それをもっとも大事にしていることの表れであるが、素晴らしいのは社員全員がそれを共有していることである。筆者がよく訪れる、米国のポートランドに本社があるレストランチェーン、シャーリーズもそうで、PAも例外なく、経営理念を正しく即答してくれることに驚かされる。

2 トレーニングの目的とは

多店化、チェーン化をめざす外食企業にとって、トレーニングの重要テーマは大きく2つある。

ひとつは、いかにして一人前の店長を育てていくかという店長育成プログラムを、きちんと整えていくことだ。

そしてもうひとつが、PAを戦力化するためのトレーニングプログラムである。できるだけ短期間に、PAが調理や接客の技術を身につけられるよう教えていくこと。これが店長にとってもっとも重要なトレーニングのテーマである。

これに加えて最近では、ＰＡを戦力化し、さらには社員として登用していくためのプログラムが重要になっている。ＰＡを単なるワーカーではなく、さらに貢献度の高い人材へと育てていく。そうであってこそ、先に述べたようにＰＡのモチベーションは高まり、店のオペレーションも向上するのである。

マニュアルはすべてではない

トレーニングについての解説をはじめるにあたって、まず強調しておきたいのが「トレーニングの目的」だ。これは、何のためにビジネスをするのか、という「仕事の目的」と一致していなければならない。

われわれの仕事の目的は、おいしく楽しい食事を提供することでお客さまの満足を得ることだ。つまり、企業としてあるべきＱＳＣ（quality, service, cleanliness）を、オペレーションを通じてお客さまに届けられるよう、必要な作業を身につけること。これがトレーニングの目的である。

お客さまは来店される時、その店に対するＱＳＣの期待感を持っている。その期待感は、チェーン企業に対する信頼でもある。実際に食事をして期待通りなら、お客さまは満足される。その期待以上のＱＳＣが提供されれば、感動と感激になるわけだ。

チェーンは地域密着でなければならず、お客さまの来店頻度を高くしてこそ、収益確保が可能である。来店頻度を高くするには、メニュー価格の安さと、オペレーションの安定度が決め手となる。

そのオペレーションの安定度を高めて、いつも安心して利用していただけるように、トレーニングを行なっているわけだ。

店長は、そうしたオペレーションができるよう部下を育成していかなければならない。そのうえで「準備業」のところで述べたように、ワークスケジュールに基づいて人の体制を整え、お客さまをお迎えする。そのオペレーションの結果を分析し、自分が克服すべき課題を明確にして、よりよいマネジメントができるよう課題に取り組んでいくのである。

それゆえまず、オペレーションを構成する作業のレベルをいかに高めるかが重要になるが、ここで「オペレーションは分業で成り立っている」ことを思い出してほしい。

すでに述べてきたように、客数が変われば標準人員配置に沿って従業員の数が変わり、それにともなって一人ひとりの作業は変わる。たとえばキッチンで、客数が多い時間帯はフライパンの作業だけを担当していた人が、少ない時間帯にはフライヤーの作業も同時に担当するようになる。

つまり、客数が変われば作業の種類が変わる。これが分業の基本である。単に作業を身につけるのではなく、作業の種類と数が変わることを学ぶ必要があるわけだ。

それが学べるようなトレーニングプログラムと、作業を学ぶためのマニュアルが整備されていなければならない。とくにマニュアルは、トレーニングを進めるにあたってもっとも重要かつ不可欠なツールである。

マニュアルは、作業の結果にバラつきが出ないように、もっとも合理的に仕事を進められるよう作業方法と手順を定めたもの。つまりこれは、トレーニングを受ける人がもっとも憶えやすいように作業を解説した教科書でもある。

しかし同時に「マニュアルはすべてではない」こともまた、知っておく必要がある。なぜなら、店では常に、想定していない事態が発生するからだ。一度に大量の注文が入ると、必ずしもマニュアルの通りに作業を進められない状況になる。しかしそういう時にも、お客さまに約束したスタンダードは実現しなければならない。

マニュアルに優先すべきはスタンダードを守ることであり、それによってお客さまの満足を得ることなのだ。

目的は経営理念の実現にある

トレーニングをはじめるにあたってまず必要なのは、わが社のスタンダードをしっかりと憶えることだ。

料理であれば、五感で憶える。見た目、味、匂いや音（シズル感）、触感でスタンダードの状態を憶えるのだ。できあがりはもちろん、調理中の音や食材の状態でもスタンダード通りかを判断できなければならない。

調理マニュアルやレシピには普通、1人前に使用する食材や調味料の分量、調理手順が書いてある。当然、2人前、3人前では違ってくる。スパゲティなら、麺の茹であがりを指で確認したり、麺とソースを合わせた時の食材の状態、色、匂いなどで、スタンダード通りかを判断しなければならない。

それができてこそ、いかなる時でも、お客さまに約束した通りの商品の品質を提供することで、お客さまの満足を得ることができる。それを実現していくことが、すなわちトレーニングの目的なのだ。

キッチン作業がマニュアルとレシピ、つまり科学的に表現されたものをベースに、臨機応変な対応を加えていくものであるのに対して、ホール作業はほとんどが応用編だ。

もちろん、ホール作業にもベースとなる基本接客技術がある。来店されたお客さまの案内、オーダー受け、料理の提供、食事の終わった食器の下げ、会計作業などであり、これらの作業をきちんと教えることが、ホール作業のトレーニングの第一歩である。

しかし、これらはあくまで基本作業であり、それだけでお客さまの満足を得られるわけではない。むしろ大事なのは、具体的な作業としては表現されない目配り、心配りである。お客さまが何を考えているか、何をしてほしいかを汲みとって、自らの行動を合わせていくこと。これこそがサービスのスタンダードであり、ホール作業の真髄である。

トレーニングの目的は、そうした行動をとれる人を育てていくことだ。つまりここで重要になってくるのは、経営理念と現場のオペレーションとの関係である。

どのように行動すれば、お客さまに喜んでいただけるのか。ひいては、それがわが社の経営理念の実現につながるのか、ということをしっかりと話し、理解してもらう。トレーニングの際はもちろん、日々の営業の中で常にそれを話題にすることが大事である。

多くの外食企業では「トレーニング＝作業の習得」という理解にとどまっている。しかし作業を身につけることは、けっしてトレーニングの目的のすべてではない。むしろ重要なことは、一つひとつの作業を身につけた、その先にある。

先に述べたように、トレーニングの目的とは、すなわち仕事の目的を実現するための方法論を学ぶことである。お客さまの満足を得られるように、具体的な作業を通じて行動できる人を育てていく。これがトレーニングを通じてめざすことなのだ。

3　トレーニングの必要条件

経営理念の実現とは、お客さまが会社に期待される通りのＱＳＣを提供して、お客さまの満足を得ることである。そのためには、ただ単にマニュアル通りの作業をこなすだけではいけない。ホールサービスではとくに、一つひとつの作業に加えて対話や臨機応変な対応、気配り、心配りができるかが、お客さまの満足度を左右するからである。

マニュアルが備えるべき条件

ところが日本の外食業界では、このことを誤解し「気配りや心配りこそ大事なんだからマニュアルなど不要だ」という主張が後を絶たない。そのような誤解が生まれるのは、マニュアルがトレーニングのツール（道具）であることを理解していないためである。

マニュアルはトレーニングの教科書として活用されていること。これがトレーニングを進めるうえでの大前提である。そして、マニュアルには備えておくべき条件がある。

たとえば、キッチンでの調理にはレシピと調理マニュアルが必要である。レシピは1人前の料理に使用する食材と調味料の分量を、調理マニュアルは作業手順と方法を示したものだが、とくに大事なのは調理マニュアルの中に、作業工程ごとの時間が明記されていることである。

1人前の料理の標準調理時間を示しただけでは十分ではない。作業工程が変わるごとに、各工程に要する標準的な時間が示されていなければならない。

調理作業の時間が、ホールも含めた全従業員の共通認識になっていることも大切だ。そうであれば、ホール従業員はキッチンの作業を見ながら、自分がオーダーを通した伝票の料理のできあがりを予測できる。たとえば「スパゲティナポリタンの標準調理時間は3分30秒。オーダーを通して3分経過して、いまフライパンを振っているから、そろそろできあがりだな」というように、次の行動に移る心構えができる。

そうなっていれば、デシャップにあがってきた料理をすぐサービスして、熱々の期待通りの料理をお客さまに届けることができる。調理→提供の流れがスムーズになり、サービスも向上するのである。

トレーニングの目的である「経営理念の実現」とは、言い換えれば会社としてのルールをきちんと身につけることだ。そのルールとは、まず経営理念に沿った行動をとることであり、次にスタンダードを守ることであり、3つめにはマニュアル通りの作業を行なうことである。これらは常に一体であり、それぞれ別個に取り組むものではない。

だからこそマニュアルは、スタンダードを実現するための作業方法をわかりやすく、憶えやすく、誰が見ても誤解を招かないように示したものでなければならない。

経営理念、スタンダード、マニュアルが共有されていることが、トレーニングを進めるうえでの大切な条件である。とりわけ、トレーニングにおいてもっとも重要なＯＪＴ（on the job training）、すなわち営業と並行して行なう現場訓練は、この共通認識なくしてはうまくいかない。逆に、その知識が共有されていれば、ＯＪＴは非常に取り組みやすいし、大きな成果があがる。前章で少し触れた通り、時間にすれば1秒から3秒、たったひと言トレーニー（教わる人）に声をかけるだけですむのである。

たとえば、ホール従業員同士の連携ができていない場合は「声かけ、足りてないよ」、料理の見栄えが悪い場合は「盛りつけ、マニュアル通りにね」といった具合である。どこがスタンダードからはずれているのか、その指摘の意味を理解して、原因がどの作業にあるのかを共に認識しているから、教える側はたったひと言で間違いを指摘できる。また、教わる側も指摘されたことを即座に理解して、改善に結びつけることができるのである。

店長の課題はトレーナーの育成

マニュアルの整備と並んで不可欠なのが、教える人、すなわちトレーナーの存在である。トレーナーはトレーニーに指導することに加えて、トレーニングの進捗状況を把握し、評価する役割を担っている。

評価はトレーナーからトレーニーへの一方通行ではなく、トレーニー自身に自己評価をさせることが大事である。自分ではこの作業ができていると考えるトレーニーに対して、トレーナーはマニュアルとスタンダードに照らすとこういう部分ができていない、という指摘をする。こうして評価のすり合わせをし、トレーニングを通じてお互いの作業のできばえが一致するようにしていけば、人は着実に成長していく。

こう考えると、トレーナーを務めるのは店長自身ではなく、トレーニーと一緒に働くパートタイマーが望ましいことになる。

店長は、営業時間中ずっと店にいるわけではない。店長がいるのは営業時間のせいぜい30～40％である。店長が不在であっても常に、お客さまに満足していただかなくてはならない。また店長は、店にいる間は全体の状況を把握し、オペレーションが円滑に進むようにキッチンとホールの作業をコントロールしていく必要がある。店長自らの手でOJTができる状況にはないわけだ。

以前にワークスケジュールのところで少し触れたように、トレーニーがシフトに入っている時間帯には必ず、トレーナーもシフトに入らなければならない。そして、一人のトレーニーは常に同じトレーナーが担当していくのが望ましい。トレーニングの進捗状況が正確に把握できるし、コミュニケーションも円滑になるからだ。

トレーナーは当然のことながら、ホール、キッチンそれぞれの部署に必要で、すべての作業を完璧に身につけた人でなければならない。だから、店長にとってトレーニング強化に取り組むうえでの第一の課題は、トレーナーを務める人材を育成していくことになる。一般的なファミリーレストランの規模のテーブルサービス業態なら、キッチンに3人、ホールに2人のトレーナーを擁していることが目安である。

店長はトレーニーに対して、直接トレーニングを施すことはないが、その進捗状況はきちんと把握しておく必要がある。また、営業時間中は常にトレーニーの働きぶりを観察して、成長の度合を確認しておくことが大事である。トレーニーが間違った作業をしている場合は、トレーナーにマニュアルやスタンダードの知識が不足しているわけだから、トレーナーに対する指導が必要である。

つまり店長は、トレーニングの進捗状況を確認しながら、同時にトレーナーに対する評価も行なっていくわけだ。だから店長は、トレーナーとはもっとも密にコミュニケーションをとっていく必要がある。

2週間に一度はしっかり時間をとって、トレーニングについて話す場をつくることが必要である。そして常に、店長以下すべての従業員が経営理念に沿った行動をとれているか、確認していくことだ。そうした習慣を店の中につくり、企業文化をつくっていくこともまた、トレーニングの大きな目的なのである。

4 トレーナーに必要な能力

それでは店で実際にトレーニングを担当する「トレーナー」をどう育成するか。本論に入る前に、なぜトレーニングが必要かについて再度、確認しておこう。

店長の仕事の目的は、よいオペレーションを行なって、お客さまの満足を得ることだ。よいオペレーションのためには、人とモノを準備することと、きちんとトレーニングを受けた人の存在が不可欠である。それによって、わが社のあるべきQSCのスタンダードを実現でき、店長の責任が果たせる。

ここにきて外食業界では、「バリュー」という言葉が間違った方向で使われはじめている。「商品÷価格＝バリュー」、つまり商品が価格に比して価値があるか、のみが重要視されている。しかし、その価値基準は小売業では通用しても、レストランビジネスにあてはまるものではない。もちろん、商品に価値があることは必要条件だが、それだけがバリューではないのだ。

レストランビジネスにおける価値基準は、「QSC÷価格＝バリュー」である。商品の価値だけでなく、サービス、クレンリネスも含めたQSCのレベルが価値を決める。逆に、ダメになっているところはQSCのレベルが時代に合わなくなっているのである。

条件はモデル作業者であること

いま必要なことは「QSC÷価格＝バリュー」という定義づけと、そのQSCのレベルを上げていくためにこそトレーニングが不可欠であるという認識である。QSCを実現していくのは、すべて人の力だ。つまり、店で働く人々が、その仕事に対する誇りや、働く喜びを感じていなければ、レストランのレベルは上がっていかないのである。

誇りや喜びを感じられず、逆に不安になってしまう原因は、次の3点である。それは、店の仕事の方法を教わっていないこと、自分がやるべき仕事の範囲と責任がわからないこと、やった仕事に対する評価がないこと。そういった不安の原因をなくしていくことがトレーナーの役割である。

店長が店でやるべきマネジメントは、きわめて広範囲にわたっている。そのうち「準備」に関する仕事は、他の人に任せることができないものである。とりわけ、来客数予測とワークスケジュールはマネジメントの根幹であり、店長が店にいる時間の2割は、この業務にあてなければならない。そして残り8割の時間は、できるだけ客席に出てお客さまと対話し、従業員とコミュニケーションをとりながら、お客さまの満足を得られる環境をつくっていく必要がある。

そうなると、ＯＪＴに要する労力と時間をどれだけ店長のマネジメントの中から少なくしていけるかが、よいオペレーションを実現するために重要になる。また、店長が不在であってもＯＪＴは継続して、きちんと取り組んでいかなければならない。新人の側に、トレーナーがどうしても必要になってくるのだ。

前項で述べたように、トレーナーは店で働くパートタイマーの中から育てていくべきものである。パートタイマーのうちもっとも能力が高く、上位のポジションにいる人をトレーナーにする。これが基本である。

大事なのは「人を認める力」

トレーナーとしての必要条件のうち、まず大事なのは「モデル作業者」であることだ。マニュアルに定められたすべての作業を、その通りにできる人のことだが、トレーナーはそれを教科書通りに教えていくだけでなく、「やってみせる」ことが必要である。

作業方法をマニュアル通りにやってみせるだけではいけない。大事なのは、作業をするときの表情やタイミング、お客さまや他の従業員との対話などである。それらを含めて、モデルとなる作業を身につけ、働いている後姿で教えられるのがトレーナーである。

トレーナーがトレーニーに教えたことと、トレーナーが実際にやっていることが一致していなければならない。教えられたことをトレーナーが実践し、お客さまの満足度が高まっていることを目の当たりにしてこそ、トレーニーはトレーナーを信頼することができる。

当然のことながら、トレーニングの成果もあがっていくのである。

モデル作業者であることは、トレーナーの必要条件だが、それは決して十分条件ではない。作業が完璧にできても、それだけではトレーナーは務まらないのである。

トレーニングにおいて知っておくべきことは「正しいことばかりを一方的に要求しても

人は育たない」ということである。

トレーニーが全員、教えただけ確実に育っていく訳ではない。なかなか作業を憶えられなかったり、習熟が遅い人もいるのが現実だ。そういう一人ひとりの違いに合わせて、時間をかけて教えていく忍耐力がトレーナーには必要である。少しでもいいところを見つけてほめ、やる気にさせる。つまり「人を認めてあげる力」を持っていることが、トレーナーとしての重要な条件なのだ。

これまでもたびたび紹介している、米国のコーヒーショップチェーン「シャーリーズ」では、トレーナーに必要なコミュニケーションを次のように規定している。

・あなた自身の考えではなく、企業の考えを伝えなさい
・相手の言っていることに、きちんと聞く耳を持ちなさい

あるべき論だけでなく、相手の立場や人格を認め、その理解度に合わせて成長を導いていくことの大事さを説いているのである。

トレーナーとして必要な条件をもうひとつ挙げれば、それは「高いスタンダードを持っている人」となる。作業がきちんとできるというだけではなく、それがどういうレベルでお客さまに伝わっていくべきなのか、がわかっている人のことだ。

とりわけ接客サービスにおいて、それは重要である。同じような言葉遣いや作業方法であっても、話すときの表情、声かけのタイミング、作業時の立ち居ふるまいなどによって、

お客さまの満足度は格段に違ってくる。そのことをよく理解して、自然と行動に移せることが大事なのだ。

そのためには、トレーナー自身が「よいサービス」を受けた経験を豊富に持っていることが必要だ。それにはトレーナー候補者にはレベルの高いサービスの店で実際に食事をさせることがもっとも効果的である。また、トレーナーになってからも継続して、よいサービスを体験する機会を持つこと。こういったことも実は、トレーナーを育てていくうえではきわめて重要なことなのである。

前項で、店長はトレーナーとコミュニケーションを密にしていくことが大事と述べた。そのミーティングは、トレーナーが部下を指導している場面を見て行なうことがすべてではない。他店を視察しながらサービスの基本を確認し合ったり、その店の優れた点を素直に認め、学び、「なぜそれができるのか」について対話することも重要である。

5　トレーナーの育成と評価

トレーナーを育成するためには、会社の中に「トレーナー認定制度」が必要だ。そのポイントはまず、店長がトレーナー候補者を推薦できるようにすること。日々の仕事ぶりを見ながら、パートタイマーの中でトレーナーの適性を持った人を見極め、エリアマネジャー（AM）に推薦していくのである。

認定制度が機能するためには「トレーナーの適性とは何か」が明確になっていなければならない。前項で触れたように、人を認める力やコミュニケーション能力など、会社が必要と考える資質を定め、誰にでもわかるように明文化しておく必要がある。

認定時に必要な「理念の再教育」

その基準に沿って店長がトレーナー候補者を推薦し、AMがそれを承認してトレーナーを認定することになるが、ここで大事なことがある。それは、トレーナーに対して再度「理念教育」を施すことである。

トレーナーはトレーニーに対して、単に作業を教えるだけではない。一番大切なことは、新しく入ってきた人にまず「われわれは何をもってお客さまに満足していただくか」ということ、企業の理念を伝えることだ。このことが、その後のトレーニングの成果を決めるといっても過言ではない。

だから、トレーナー候補者は本部で企業理念についての再教育を受け、それをしっかり身につけてトレーナーとして認定される、という制度をつくる必要がある。これによってトレーナーは、組織の中で何ができることで、何をもって責任を果たしていくのかという、自分自身の役割をしっかりと認識できる。そのことは同時に、トレーナーの仕事に誇りを持って取り組めることにもつながるのである。

もうひとつ、トレーナーになる人に教えておかなければならないのは「トレーナーとは時間帯責任者でもある」ということだ。

トレーナーは単に作業を教えるだけの存在ではなく、店の中でグループを統率するオペレーションのリーダーでなければならない。店長が不在の時は、自分が店長に代わってオペレーションについての責任を負う立場である、という認識をしっかりと持ってもらうことだ。そういうトレーナーの高い意識がお客さまに喜ばれることにつながって初めて、店のオペレーションはよくなるし、OJTの成果もあがっていくのである。

トレーニングに関して店長のもっとも大切な仕事は、トレーナーをつくり続けていくことだ、と述べた。自分の店の中にトレーナーの資質を持った人がいないか、店長はそのことに最大の関心を持っていなければならない。そして、候補者を見つけた時は、トレーナーをめざすよう積極的に意識づけをしていくのである。

トレーナーには、自らの仕事に対して誇りを持ってもらうと同時に、それにふさわしい待遇も与える必要がある。トレーナーの時給は、通常のPAの5割増しぐらいに設定すべきだろう。PAの平均時給が1000円であるならば、1500円ということである。

そのくらいの違いがなければ、周囲の誰もが認める存在としてリーダーシップを発揮することはできない。逆に、トレーナーが本来の仕事を果たして、来店客を増やせるようにOJTの成果をあげられるなら、高い時給を払う価値は十分にあるのである。

トレーナーズガイドが不可欠

トレーナーが本来の仕事を果たすために必要な条件は、以下の3つである。

［1］…パートタイマーの採用数と質を十分に確保できていること
［2］…スタンダードを実現するための作業マニュアルが整っていること
［3］…トレーナー用のマニュアルがあること

［1］は店長の責任においてやること、［2］と［3］は本部が用意することだが、ここで強調しておきたいのは［3］である。これは「トレーナーズガイド」と呼ばれるもので、トレーナーがトレーニーを教える際の手引書のことである。

まず、トレーナーはモデル作業者でなければならない。すべての作業方法を、会社が定めた通りに実行できる必要がある。それをトレーニーに教える際も〝自己流〟ではいけないのである。もっとも効果のあがる教え方、手順に則ってトレーニングをしていかなければならない。その指針となるものが、あらゆる作業について必要なのである。

たとえば、来店されたお客さまを席に案内する場合。この時にはまず、テーブルの利用状況のチェックが問題となる。お客さまの食事の進行状況を踏まえて、どのテーブルが空くかを判断するが、同じように食後のコーヒーを飲んでいても、家族客とカップル客では席が空くタイミングが違う。

そうしたことを含めて、一つひとつの作業の方法やタイミングを教えていかなければならない。それには、トレーナーズガイドが不可欠なのだ。豊富な事例をもとにつくられたこの手引書こそが、会社の最大のノウハウともいえる。

トレーナー認定制度からトレーナーズガイドまで、この一連の仕組みが整っていれば、トレーナーに対する評価も容易である。

評価の基準は「トレーニーの意欲と、作業の方法とでき具合」、つまり、スタンダード通りの料理やサービス、クレンリネスが実現できていることだ。トレーナーの資格を持っているわけだから、どう教えているかを評価する必要はない。教わっている人が元気よく前向きに仕事に取り組めていて、スタンダード通りの作業を身につけているか。これをもって、トレーナーが本来の仕事をできているかどうかを判断する。

つまり、トレーニーに技術が身についているかどうか、その評価がそのまま、トレーナーの評価になるのだ。だからこそ、トレーニーを評価する際には、トレーニー自身に自己評価を書かせ、トレーナーの評価と常にすり合わせる必要がある。その評価が一致していくことでトレーナーが評価される、という考え方を徹底しなければならない。

そのためには、ＯＪＴは常にトレーナーとトレーニーが一対一で、担当者は同一人物であることが大切で、それでこそ成果があがる。また、トレーニングに臨む際はトレーニーにマニュアルを丸暗記させること、大切なことは文章に書かせて憶えさせること、作業を教える際は常に「スタンダードと比較してどうか」を問題にすることが大事だ。

これまで述べたことをきちんと準備し、ルール通りに育成してもトレーニングの成果があがらない場合はどうするか。その時は、トレーニーに辞めてもらうしかない。これは教わる側に資質が欠けていたためであり、採用の失敗と判断するしかない。

逆にいえば、そのように冷徹な判断ができるくらいに、仕組みをしっかりとつくらなければならないのだ。日本の外食企業の多くは、トレーナーが不在だったり、各人の自己流がまかり通っているために、トレーニングの成果があがらない理由がどこにあるのか、まったくわからないまま放置されている。

トレーニングの考え方と手順、そのためのツールと評価の仕組み。これらが整わなければ、トレーナーは育成できない。つまり、トレーナーの育成はトレーニングの仕組みづくりと表裏一体なのだ。

6　サーバー育成の7つの要点

それでは以下、トレーニングの具体論に入っていこう。店で行なうOJTは、ホール作業のトレーニングとキッチン作業のトレーニングに大別されるが、まずはホール作業を取り上げよう。

新しく店に入ったトレーニーを、一人前のサーバーへと育てていくために大切なことは何か、順を追って解説していく。

"作業の先にある楽しさ"を教える

トレーニングをはじめるにあたって、トレーナーはトレーニーに対して何を教えるか、さらにいえば「何を与えていくか」を明確にしておく必要がある。

そしてこのことが、OJTの成果があがるかどうかをもっとも大きく左右するのである。そのポイントは7つある。

［1］…トレーニーに、仕事に対する興味を持ってもらうこと
［2］…仕事をはじめるにあたって、トレーニーが抱えている不安をなくしていくこと
［3］…仕事ができるようになってきたという自信を持たせること

この3つは、ホールとキッチンに共通して重要であり、OJTを行なう際にトレーナーが常に心がけていなければならないことだ。そしてホール作業については、さらに以下の4つが必要である。

［4］…経営理念をきちんと教えること

経営理念の大事さは、ここまで繰り返し指摘してきたが、ホール作業はそれをサービスとして具体的に表現したものである。どのようなサービスをすることが経営理念の実現と社会貢献につながるのか、しっかりと教えておかなければならない。

［5］…サービスを行なううえでのルールと、正確な知識を教えること

これは、サービスのスタンダードを教えることでもあるが、大事なことは個々の作業を教える前に、あるべき姿をイメージとして伝えることである。お客さまにはこういう笑顔で接する、話をするときはこういう姿勢をとる、その際に立つ位置やテーブルとの距離はこのくらい、といったことを、具体的に教えていくのである。

［6］…具体的な作業を教えること

そのうえで、個々の作業のトレーニングに入る。レストランにおける基本のホール作業は、グリーティング（入店されたお客さまへの挨拶）、客席への案内、オーダー受け、料理提供、会計、バッシング（食器の下げ）の6つだが、これらを一つひとつ教えていく。トレーニングプログラムの中では、もっとも時間のかかる部分である。

［7］…〝アウェアネス〟の大事さを教えること

アウェアネスとは〝気づき〟のことである。いま、お客さまに何をしてあげると喜ばれるかを察知して、そこから出てくる行動こそが真のサービスだ。具体的には、先に述べた6つの基本作業をどういうタイミングで行なうかということになる。サーバーは、食事の進行状況やお客さまの表情を見ながら、いま何をすれば喜ばれるかを判断していく。それこそがホールの仕事ではもっとも重要であることを教える。

7つめのアウェアネスは、マニュアルでは教えることができない。しかしこの点こそがサービスの差となり、ひいては来客数の差につながる。そしてまた、これが身について初めて、トレーニーは仕事の楽しさややりがいを感じることができるのである。

トレーニングプログラムには、これら7つの取り組みが盛り込まれていなければならない。しかし日本の外食チェーンの多くは、6つめの作業のトレーニングにとどまっているのが現状である。それではトレーニーの側も、単に「作業を憶えた」ということにすぎず、達成感や喜びは生まれてこない。

サービスの仕事をすることの楽しさは、実はその作業を憶えた先にあるのだ。それを教えていくことこそ、トレーニングの最大の喜びといえる。

経営理念は必ずトップの言葉で

もちろん、ホール作業のトレーニングにおいて、身につけるべき優先順位の第一は基本作業である。トレーナーもまず、トレーニーに対して基本作業から教えていくのだが、その前に欠かせないのが先述の［4］と［5］である。このことが、よいサーバーを育てていくための重要なポイントといえる。

新しく入ってきた人にはまず、経営理念をしっかりと教えることが大切だ。言葉にすれば簡単だが、実際にはこれほど難しいことはない。紙に書かれたものをただ暗記すればよいのではなく、それを実践に結びつけなければ、経営理念を理解したことにはならないからだ。

たとえば、経営理念に「楽しい団欒の場を提供する」とあったとする。その場合、サーバーとしてどう行動することが楽しい団欒の場の提供につながるのかをきちんと理解し、実践できなければならない。

つまり、トレーニーに対する経営理念の教育とは「何ができたときに経営理念を理解したといえるのか」を教えていくことである。この点については会社の中に統一された基準が必要だ。経営理念とサービスの関係について明文化されたものをつくり、全従業員に周知徹底することが望ましいだろう。

こういったものをつくるには大変な時間と労力が必要だが、よいサーバーを育てるためには不可欠だ。そして、この内容や表現はすべて、会社のトップ自身が考えたものでなければならない。〝借り物〟であったり物真似ではいけない。

トップの使う言葉、従業員に話すことや伝えることはすべて、自分自身の考えに基づいたものでなければ、決して人の心に届くことはないのだ。

もう一点の［5］は、トレーニーに「サーバーとしてのあるべき姿」をイメージとしてつかんでもらうことが目的である。トレーナーが実際にやってみせたり、映像に記録したものを見せることになるが、これは個々の作業だけではなく、流れを見せることが大事である。

たとえば会釈の仕方であれば、単に頭の下げ方だけでなく、テーブルに向かう→オーダーをとる→下がるという一連の動きの中で、どういうタイミングでどのように会釈するのがいいのか、といったことを見せるのである。これもまた、マニュアルだけでは教えることができない部分だ。

これは、モデル作業を憶えさせると同時に、どうすれば自分が評価されるかを理解させることにつながる。トレーニーのモチベーションを高め、トレーニングの効率を上げていくためにも欠かせないポイントである。

対象がPAである以上、トレーニングにはそれほど長い時間をかけることはできない。米国のチェーンレストランでは、サーバーのトレーニングは5〜7日間で終えるのが一般的である。その時間が短ければ短いほど、経営理念とモデル作業者の姿がしっかりと示されていることが、トレーニングの成否を分けることになる。

7 サーバーの初期トレーニング

続いて、トレーニングを行なう際の具体的な教え方と評価の仕方、そこで必要となるツールについて解説しよう。

サーバーは、サービスを通じてお客さまに満足していただく経営理念の実践者だが、その仕事の内容は非常に多岐にわたる。マニュアルだけでは教えられない部分も多くある。それゆえ、トレーニングはあるべき手順を踏んで進める必要がある。

先に述べたトレーニングの7つのポイントのうち、最初に挙げたのが「仕事に対する興味を持ってもらうこと」だった。これこそ、トレーナーがトレーニーに対して最初に与えていくことであり、トレーニングの成果を左右する最大のポイントである。

忍耐力こそトレーナーに不可欠

では、どうすれば興味を持ってもらえるのか。それには、実際に楽しく仕事をしている人の姿を見せるのが一番だ。その店の中で一番楽しく仕事をしている人こそが、トレーナーでなければならない。

つまり、トレーニングのスタートはトレーナーがトレーニーに対して「私の仕事を見てください」と言えることだ。そのためには、トレーナー自身が、お客さまの喜びを自分の喜びとして、そこに仕事のやりがいを感じていることが大事である。そういうトレーナーをつくっていくことが、店から次々と人材を育ててサービス力を上げるための、店長にとって第一の目標になる。

楽しく働くトレーナーの姿を見て、トレーニーに「ああなりたい」と思わせることがトレーニングのスタートだが、一方でトレーニーは「自分にできるだろうか」という不安を抱えている。そして実際、すぐにはできないことだらけだ。トレーニングの初期段階で、できていないことを厳しく指摘してしまうと、トレーニーはたちまち萎縮して仕事への興味を失ってしまう。

ここでトレーナーに要求されるのが「忍耐力」である。教えたことが、その通りにできないのは当たり前だと思わなければならない。米国のチェーンレストランでも、トレーナーの手引書を見ると常に「patient（我慢）」を強調している。忍耐力こそ、トレーナーに一番必要な能力というわけだ。

そのうえで、相手が理解できないことをどう理解させるか、というコミュニケーション能力が必要だ。根気強く教えることはもちろん、相手が興味を持つような話し方、話すときの表情なども大事である。これらは会社の中に、きちんとノウハウとして蓄積され「トレーナーズガイド」の中でも示されていなければならない。

サーバー育成のトレーニングにおいてもっとも重要なのは、トレーニーに理解させ、行動を変えさせるためのコミュニケーションである。前項で述べたように、サービスは単なる作業の集積ではない。食事をしているお客さまの姿を見て、次に何をすれば満足していただけるか、常に考えて行動することだ。

そういう自主性を持たせていくうえで、トレーナーのコミュニケーションのとり方はきわめて重要なポイントなのだ。具体的な場面を挙げて、お客さまへのサービスや対話の例を何度も説明して、自主性のあるスタッフに育てていく。

日本の外食企業の多くは、こうしたことを抜きにして作業のトレーニングばかりを優先している。トレイの持ち方、お辞儀の角度や声の出し方など。しかしそれでは、トレーニングの成果はいっこうにあがらない。トレーニーは仕事に興味を持てないため、行動を起こす意欲や興味がわいてこない。

米国の例を見ても、新人のための作業のトレーニングはだいたい5日で終了している。1日めにグリーティング、客席への案内、バッシング、料理提供、そして2日めにオーダー受けとPOSの扱い方を含む会計作業、といった具合だ。その他、ホールで必要な作業方法は、5日ですべて一通り憶えさせ、実践させるのである。

これは、初期の作業トレーニングを軽視しているわけではない。トレーニーに店で憶えさせること、店でやらせること、自宅などで自主的に憶えさせることの区別が、きちんとできているということだ。

いかに自主性を引き出すかが鍵

たとえば、作業の中で難易度が高いもののひとつであるオーダー受け。この作業でもっとも大切で難しいのは、料理内容の説明である。おすすめ料理はもちろん、取り分けて食べる料理がメインなのか、セット料理が多いのかといった、自社のメニューの特徴を的確に、わかりやすくお客さまに伝える必要がある。

また、このところお客さまの側でも、料理の内容についての関心が高まっている。食事についての安全性や、健康への関心が高まり、どのくらいのボリュームなのか、ドレッシングの中身は何か、アレルギーを引き起こす食材は入っていないかなど、知りたい情報はたくさんある。内容をすべて、店でトレーニーに憶えさせようとすると、トレーニングに膨大な時間がかかってしまう。

だから、こうしたことはきちんと文章で表現し、トレーニーには宿題として、自宅で憶えてきてもらうのである。

料理内容を説明したメニューの解説書は、商品部の責任のもとに作成する。自社の得意分野はもちろん、お客さまからどんな質問が多いかは経験上わかっているわけだから、それらを整理し、新人でも納得できるようにわかりやすく表現する。

この解説書をトレーニーに渡し、勤務時間以外の時間を使って憶えてもらうわけだが、大事なのは必ずテストをすることである。1日10品くらいを憶えてきてもらうようにすれば、ファミリーレストランのような総合メニュー型の店でも、1週間ほどあれば憶えることができる。このテストを、初期のトレーニングと並行してやっていくのである。

そしてここでも大事なのは、トレーナーがメニュー解説書に基づいた料理説明を、きちんと実践しているところを見せること。それによってお客さまと対話することが高い満足に結びつくことがわかり、トレーニーの意欲が高まっていくのである。

メニュー解説書はいわば料理説明のマニュアルだが、これが用意されていることが、トレーニーにとって働くうえでの不安をなくすことにつながる。お客さまから何を聞かれても大丈夫、と自信を持って客席に出ていける。そうした気持ちにさせ、自信を持たせることも重要なポイントである。

教育の成果があがるかは、教わる側がいかに自主的に取り組めるか、そのための環境や仕組みをつくるかが鍵になる。アウェアネス（気づき）が不可欠なホール作業においてはとくに、トレーニングの初期段階でそのことが重要になってくる。

しかし誤解してはならないのは、自主的に取り組むことと放任することとは違う、ということだ。店での決まり（ハウスルール）を教えることは大事な初期教育だし、それでこそトレーニングの成果もあがる。

8　サーバーのＯＪＴの進め方

先にトレーニーが働くうえでの不安感を持たないようにしていくことが、トレーニングの重要なポイントと述べたが、以下、ＯＪＴの際にトレーナーがとるべき具体的な行動、その際の注意点などについて解説しよう。

それには最初に、安心して働けるようにハウスルールを教えることが大切である。ユニフォームの扱い方、備品や私物の整理整頓、勤務中にトイレに行く際は誰に許可をとるのか、等。これらのことが明確になっていないと、トレーニーは安心して働くことができない。

まず、働くうえでのルールを理解する。これがトレーニングにあたっての大前提である。

最初はトレーナーがつきっきりで

実際にOJTに入る際には、トレーナーはトレーニーの勤務時間について、曜日ごとにきちんと把握しておく必要がある。常に同じ時間に働いていないと、トレーニングの進捗状況が把握できず、OJTの成果があがっていかないからだ。

接客のトレーニングについては、前に述べたように、グリーティング、客席への案内、オーダー受け、料理提供、会計、バッシングの6つを教えていくが、だいたい35〜40時間で教えられるようにスケジュール設定する。1日の勤務時間が5時間前後とすれば、ほぼ1週間ということになる。

このトレーニング期間は、できるだけ早く通過させることが大事だ。サーバーのトレーニングでは、一連の流れを身につけ、お客さまの食事の進行に合わせて気配りをすることが難しいわけだから、個々の基本作業はできるだけ早く習得させなければならない。

基本作業の方法が身につくと、次は営業時間中にホールに出てOJTを行なうが、トレーニング初日はまずトレーニーを、トレーナーの後ろにずっとつかせる。そして、トレーナーが実際にサービスしているところを近くで見せながら、接客作業やお客さまに語りかけた言葉について「なぜそうしたのか」を常に話すのである。

たとえば、トレーナーが自分の担当でないテーブルのお客さまのところに駆けつけ、オーダーをとった場合、このように話す。

「Aさんが担当テーブルのお客さまの注文を受けようとした時に、Aさん担当の他のテーブルの料理があがりました。優先すべきは料理提供なので、Aさんはそちらに向かわなければなりません。オーダー受けは後回しになるわけです。だから私がフォローに入ったんです」

他にも「いまお客さまと会話したのは、ちょっと表情が硬かったので料理に不満があるのかと思って、確認したんですよ」など。トレーニーにはいっさい作業はさせず、ずっとトレーナーの後ろにつかせて、具体的な行動に移した理由をしっかり教えていくのである。

その後は、トレーナーの担当テーブルの作業を担当させる。具体的には、まずは料理提供とバッシングから入る。この2つの作業はお客さまとの会話が少なく、トレーニーが不安感なく作業になじめるからである。

OJTをはじめてから2日めか3日めに、サーバーとしての一連の作業をすべて担当させる。このトレーニングは時間がかかるから、段階を踏んで進める必要がある。

まず初日は、トレーナーがトレーニーの後ろにずっとついて指導をする。トレーニーが安心して、サービスで一番大切な笑顔を絶やさず作業できる環境をつくるのである。

次には、トレーナーの近くの客席で、トレーニーと客席が常に見えるところで作業をさせる。トレーナーの担当テーブルのうち、まず2〜3卓を担当させるのがよいだろう。トレーニーのサービスに何か不手際があったり、トラブルになった場合は、すぐにトレーナーが助けに入れることになる。

ＯＪＴはこのように、きちんと段階を踏んで取り組んでいかなければならない。そこで大事なのが距離感である。最初はトレーナーがトレーニーにしっかりとついて、徐々に距離をとりながら、トレーニーが独り立ちできるように導いていくのである。

評価とはすなわち、ほめること

トレーニングは教えるだけでなく、部下やトレーニーの仕事ぶりの評価をすることが大事である。この評価のポイントはただひとつ、「ほめること」だ。

「まだトレーニングをはじめたばかりなのに、あなたの今日の笑顔はすばらしい」

「とくに、さっきの小さい子供を連れたお客さまへの声のかけ方は実によかった」

このように、トレーナーは自分の仕事をしながら、トレーニーのよい部分をどんどん見つけてほめるのである。そうすればトレーニーは自信を持ち、仕事に前向きに取り組むことで、トレーニングの成果があがっていく。

よい部分が出てくるのは、教え方がよいからに他ならない。つまり、ほめられる場面を数多くつくれるトレーナーが、トレーニーにどんどん自信を持たせて早く新人を戦力化できるトレーナーであり、すなわちよいトレーナーということになる。

また、勤務終了後には数分間でもよいので、トレーナーとトレーニーの間でコミュニケーションの時間を持つことだ。そこでの会話も当然、ほめることが中心になる。

そうして、トレーニーが元気よく帰って、次の日も元気よく出勤してくること。これがすなわち、トレーナーの評価である。店長が帰宅するトレーニーに「今日のトレーニングは楽しかった?」と聞いて、笑顔で前向きな返事が返ってくれば、トレーニングはうまくいっていると判断してよい。

店長はトレーナーの教え方について、細かい部分まで見て口を出してはいけない。以前に述べたように、トレーニングの具体的な方法は決まっているわけだし、それを身につけた人がトレーナーなのだから、教え方を問題にすることは意味がないのである。

大事なのは、トレーニーが楽しく仕事を憶えようとしているかだ。それをきちんと把握し、さらに前向きに取り組めるように、店全体に楽しい空気をつくっていくこと。これがトレーニングの成果と業績を上げるために、店長が一番やらなければならないことである。

店で働く従業員は、仕事が楽しくなって初めて、企業活動に参加できる。笑顔、気づき、お客さまとの対話などがきちんとできるようになると、それは自然と企業活動の好結果につながっていく。

「今日は、お客さまと楽しく料理についての会話ができました。その結果、おすすめ料理を○品ご注文いただけたので、客単価のアップに貢献できました」

こういう会話が店の中で、ごく普通にできるようになり、そういう店が増えていけば、企業の業績は着実に上がっていく。

サーバーのトレーニングの成果は、こうした〝空気〟を店の中につくれているかどうかだ。そのためにまず重要なのは、すでに述べたように、経営理念をしっかりと教えることである。決して生産性とか効率の話から入ってはいけない。

「経営理念にある〝豊かな食生活〟を実現するには、自分たちの心も行動も豊かにならないといけない。そのためにお客さまの満足が欠かせない」という考え方が重要だ。その実現のために自分たちは何をすればよいか、なすべき行動を考えることが仕事の楽しさであり、それがひいては経営につながっていくのである。

9　キッチンの初期トレーニング

続いて「キッチンのトレーニング」について解説しよう。キッチン作業を教えていくうえでのポイントは〝準備〟にある。臨機応変な対応など、応用が中心となるホール作業のトレーニングと比べて、キッチンのトレーニングは道具やテキストなど、事前にきちんと整えておくべきものが多いのである。

まずは〝全体像〟を理解させる

キッチンのトレーニングに取り組むうえで前提となるのは、次の3点である。

［1］…商品のスタンダード（あるべき商品の基準）が確立されていること
［2］…すべてのメニューのレシピが用意されていること
［3］…すべてのメニューについて調理マニュアルが用意されていること

とくに［3］については、各メニューの調理工程ごとに、使用する調理機器の名称と、調理温度、調理時間が明記されていなければならない。これが調理のブレをなくし、スタンダードを実現しながらキッチンの効率化を図るためのポイントになる。

日本の外食企業の多くは、これらの前提がないところで個々の作業方法ばかりを教えるという過ちを犯している。場当たり的な教え方では見よう見まねの調理になり、品質は決して安定しない。当然、わが社らしい商品も提供できないことになる。

調理作業を教える前にまずやるべきことは、レシピとマニュアルの丸暗記である。実地のトレーニングに入る前に、これをトレーニーに渡して自宅で憶えてきてもらうのだ。そしてテストを行ない、きちんと憶えていることを確認したうえで、キッチンでの調理のトレーニングに入る。

キッチンに入っても、すぐに実習に進むわけではない。最初にやるべきことは、「キッチンのツアー」である。

これは、実際のキッチンの中にある調理機器について、その名称と位置をトレーニーに確認してもらうことである。トレーナーはトレーニーを連れてキッチンの中を歩きながら、「これがオーブンです」「これがグリドルです」と指差しながら説明していく。

調理機器の名称は調理マニュアルに書かれていて、トレーニーはそれを丸暗記している。そのうえで、実際に目で見て説明を受けることによって、より理解度が高まるのである。

また、キッチンのツアーでは水道、電気、ガスの元栓やスイッチの場所と扱い方、メーター類の見方なども教えておく。さらにゴミの処理や分別の仕方など、キッチン内での基本作業を教えることも重要である。

キッチン全体の構造がどうなっているかをまず知ってもらうのが、このツアーの目的だ。そこで働く自分をイメージしてもらうために、ツアーは欠かせない導入教育である。

ツアーが終わったら、実地トレーニングに入る前にキッチン内でポイントとなることを教えていくが、とくに大事なのは食材の標準配置である。どの食材がどの冷蔵庫のどこに入っているか、会社で決まっているルールをきちんと教えていく。

アピアランス（身だしなみ）も大事である。キッチン内での服装、帽子のかぶり方、エプロンの付け方や紐の結び方など、見た目の清潔さも含めてあるべき形を教える。

調理機器だけでなく、調理道具についても名称と扱い方を教えておく必要がある。和食であれば複数の包丁を使い分けることになるし、鍋やフライパンも用途や材質によって扱い方が違う。そうした基礎知識をあらかじめ教えておくのである。

キッチンとはどのような場所なのか、何をするところなのかという全体像を、トレーニーに知ってもらうことが大事である。

全体像を理解することなく、いきなり作業から教えられても、トレーニーはそれがキッチンのどこで行なう作業かわからないため、仕事にスムーズに入っていけない。そればかりか、大きな不安を抱えてトレーニングに臨むことになってしまう。

「トレーニーの仕事に対する不安をなくすこと」。ホール作業と同様、これがトレーニングの成否を左右する最大のポイントである。そうした環境を、実地のトレーニングに入る前に、きちんと整えておく必要があるのである。

守らねばならない教え方の順序

そのうえで、具体的な調理作業のトレーニングに入っていく。そこでまず問題になってくるのは、キッチン内の作業をどのように教えていくか、また何から教えていくかということである。

教え方については、調理法別に教える方法、料理のカテゴリー別に教える方法などがあるが、もっとも実践的なのはキッチン内のポジション別に教えていく方法である。このポジション分けは、標準人員配置における最大人数、つまりピーク時の人員配置を基本にする。最大人数が6人であれば、6つのポジションに分けて教えていくのである。

これは言い換えれば、キッチン内における分業の最小単位ということになる。あるハンバーグが主力のチェーンでは、次のようにポジション分けをしている。

［1］…ディッシュウォッシャー（食器洗浄）
［2］…プレパレーション（仕込み）
［3］…コールド（サラダなど冷菜の調理）
［4］…グリドル（ハンバーグなどの焼成）
［5］…ストーブ（フライパンなどの加熱調理）
［6］…デシャップコントロール（全体の作業指揮および商品の最終チェック）

この作業は［1］が一番難易度が低く、後にいくにしたがって難易度が上がる。だからトレーニングの順序としては、［1］から順を追って教えていくことになる。新入社員の教育プログラムの一環としてのキッチントレーニングや、新店オープン時の初期トレーニングでは、この順序にしたがってキッチン内のすべての作業を教えていく。

だが実際には、それ以外のトレーニング方法が必要になることが多い。なぜなら、キッチンの従業員も主力はPAであり、その人たちは常に入れ替わる。つまり、欠員が出たポジションに新しい人を入れて、できるだけ早く戦力になるよう教えていく必要があるのである。

だから、先の優先順位に関係なく、必要なポジションの作業を教えていくことになるが、どこに配置するにしても［1］と［2］、つまりディッシュウォッシャーと仕込みの作業は必ず身につけさせること。この2つの作業は、難易度が低いゆえに新人でもスムーズに仕事に入っていけることに加えて、キッチン作業の全体像を理解するうえで格好のポジションでもあるからだ。

実際に調理作業を行なうポジションに配置するにあたっては、最初に述べたようにメニュー名とレシピ、マニュアルを丸暗記してもらい、テストを行なう。また、トレーナーが実際に調理したメニューを試食してもらい、スタンダードを目と舌でしっかり憶えさせることだ。これを、メニュー一つひとつについて行なっていく。

ここまでが、実際にキッチン内でのトレーニングに入る前に行なっておくべきことだ。次からは、実地トレーニングの進め方を具体例を挙げて解説する。

10 キッチンの実地トレーニング

キッチンでのトレーニングは、実際に食材と調味料、調理器具を使って行なうトレーニングだが、その前にまず「カラトレ」からスタートする。カラトレとは「空トレーニング」の略で、食材を使わず、調理マニュアルに書かれている通りに声に出し、作業を身ぶり手ぶりで行なうトレーニングのことである。

前項で述べたように、トレーニーはカラトレに入る前に、レシピと調理マニュアルを丸暗記する。しかしこれは頭で憶えているにすぎず、実際にその通りに手や腕が動くわけではない。頭の中にあるマニュアル通りの動作と、実際の身体の動きを一致させていくために、カラトレが不可欠なのである。

カラトレで記憶と動作を一致させる

カラトレは、調理マニュアルをその通りに声に出しながら行なう。たとえば、「フライヤーの油の温度を180℃にする。野菜に衣をつけ、フライヤーにそっと入れる。20秒後、浮いてきたら引き揚げる」

「180gのハンバーグパティを取り出す。表面温度を220℃に熱したグリドルに乗せる。90秒経ったら裏返す」

といった具合である。

加熱調理を行なうものについてはとくに、調理温度と調理時間を正確に記憶し、調理器具の扱い方や調理の動作、時間をマニュアル通りに実行できていることが大事である。

カラトレをきちんと行なうためには、レシピと調理マニュアルの文章が重要になる。憶えやすく、声に出しやすいことが大事であり、そのためには文章は短く、簡潔にすることだ。「心を込めて」とか「注意深く」といった抽象的な表現は必要ない。

理想の文章は「五、七、五」の17文字で、これが一番リズムよく憶えやすいとされている。調理マニュアルは一文を15～17字で簡潔にまとめるのが基本である。

そして、レシピと調理マニュアルを完全に憶え、カラトレで動作を一致できるようになるまでは、実際に食材を使ったトレーニングに入らないことだ。

そのための時間は十分に使ってかまわない。サーバーのトレーニングでは、基本作業を憶える時間は5日間から長くても1週間だが、キッチンではその3倍、3週間程度をかけてよいだろう。

そしてその間、トレーニーには自宅でレシピとマニュアルを憶えてきてもらい、店ではトレーナーがつきっきりでカラトレを行なっていく。この初期トレーニングが、キッチンではきわめて大事である。

カラトレが終わった後は、営業時間中に調理をしながら行なうトレーニングに入ることになるが、最初に行なうのはスタンバイ作業である。ここには食材のカットをはじめ、基本となる調理作業のほとんどが含まれているので、その後どのポジションに入るにしても早く戦力化できる技術である。

初期トレーニングまでは、トレーナーはトレーニーにつきっきりになるが、営業時間中はそうはいかない。トレーナーは、トレーニーが行なっている作業の進み具合を確認しながら、全体の作業の流れをみて、トレーニーを指導していく。

つまり、トレーナーは必ずキッチンのリーダーでなければならない、ということである。そのために、キッチンリーダーの資格要件の中に、トレーナーの資格を持っていることを入れておく必要がある。

一般的に、キッチンリーダーは営業時間中、デシャップコントロール（DC）の役割を担っている。DCのポジションからトレーニーの仕事ぶりを見て、できていないことや足りない技術があれば、現場で気づいた時点で指摘していく。これがキッチンのトレーニングにおけるOJTだ。

キッチンのOJTはひと言で済む

店のメニューには、ひと皿に焼き物、揚げ物など調理場所が異なる料理が盛り込まれている。ひとつのメニューを仕上げるためには、複数のポジションの進行を合わせていく必要があるが、不慣れな人がいると料理の提供が遅れてしまう。

トレーナーはそうした作業の進行状況をきちんと把握して、遅れている人に「エビフライ用意できた？」「あと15秒でハンバーグあがるよ、ガロニ大丈夫か？」などと声をかけ、作業の遅れが出ないように気づかせる。

また、仕上がった料理を見て「ハンバーグの焼き色が薄い」「ソースの色が違うよ」「盛りつけの高さ、ちょっと低いよ」などと指摘して、つくり直しを命じる。トレーニーにはトレーニングの初めに、商品のスタンダードは教えてあるから、ひと言指摘するだけで間違いに気づかせることができる。

これがキッチンの毎日の現場訓練、すなわちＯＪＴである。一回のトレーニングは時間にすれば１秒から３秒あれば終わりだ。

ＯＪＴは長々と時間をかけて行なうものではない。また、作業方法ばかりを問題にしてはいけないのだ。大事なことは、スタンダード通りの品質を実現することであり、そのために決められた作業、とくに調理温度と一工程の時間を正確に身につけていくことこそ、トレーニングの基本である。

仕上がりの状態がスタンダードと違うということは、調理温度や調理時間、そして盛りつけが違っているということに他ならない。初期トレーニングの中で、レシピとマニュアルをしっかり憶えておけば、スタンダードとの違いを指摘されただけで、トレーニーはどこの作業に間違いがあったのかが理解できる。トレーニー自身で考え、自主的にトレーニングに取り組むようになり、その効果もあがっていく。

ＯＪＴの効果を最大限にするために、レシピとマニュアルの丸暗記が必要なのである。とはいえ、ピーク時に注文が集中すれば調理が乱れ、スタンダード通りの商品が提供できなくなるものだ。だから常にキッチンリーダーが全体の状況と一人ひとりの働き方を見て、しっかり声を出し、ＯＪＴを実施していかなければならない。

つまり、キッチンリーダーは調理担当者ではなく、トレーナーとしての役割を忘れてはいけない。周りの人が見えないリーダーのもとでは、一人ひとりの力量は決して上がらず、スタンダードも実現できない。

レストランのオペレーションのレベルは、8割はキッチンで決まる。キッチンで働く人の技術力が、店の人気と売上高を決定づけるのである。

それゆえキッチンのトレーニングにおいては、明確な評価の仕組みが不可欠である。前項で述べたキッチン内のポジションごとに、必要な能力が身についているかを認定する資格認定制度が必要になる。

その評価のポイントは、以下の3点である。

・スタンダード通りの品質の実現
・作業の正確性とスピード
・他ポジションとのチームワーク

そして、資格制度の中身とその評価方法、資格取得が時給とどう関わるかといったことが、誰にでもわかるように明示されていなければならない。どうすれば自分の評価を高めて時給を上げていくことができるのか、それが企業への貢献とどうつながるのかがわかって初めて、働く人の意欲が高まり、トレーニングの成果もあがるのである。

11　資格認定制度が必要な理由

ここまで「トレーニングの進め方」について解説してきた。現場のオペレーション力を高め、お客さまの満足を得ていくためにトレーニングはもっとも重要な技術である。

そのトレーニングの効果を高めるために不可欠なのが、ＰＡを対象とした「資格認定制度」である。

ユニフォーマティを保証するもの

資格認定制度とは、わかりやすくいえばPAに対して〝お墨付き〟を与えることである。ホールおよびキッチンでの作業一つひとつについて、PAがモデル作業通りの作業をできているかどうかを判定し、できている場合はそれを認定して資格を与える。これが資格認定制度である。

資格をどう設定するかは企業によってさまざまだが、一般的なのは作業種類あるいは作業のポジションごとに設ける方法である。

ホールサービスでいえば、作業種類および作業の難易度によって設定するのがよいだろう。たとえば、以下のようになる。

・オーダー受け、料理提供、バッシングなど基本の接客作業
・入店客の案内、会計作業
・接客リーダーとしての仕事

これ以外に、その企業独自のサービス形態（客席で最終調理を行なう、デザート類の製造はホールの従業員が行なう、など）がある場合は、それも資格項目に加える。

キッチンでは、ポジションごとに資格を設定する。そのポジションとは以前に解説した、調理トレーニングを行なう時のポジション分けと同じである。すなわち、

・ディッシュウォッシャー（食器洗浄）
・プレパレーション（仕込み）
・コールド（サラダなど冷菜の調理）
・グリドル（ハンバーグなどの焼成）
・ストーブ（フライパンなどの加熱調理）
・デシャップコントロール（全体の作業指揮および商品の最終チェック）

といった形で資格を設ける。言い換えれば、キッチン内における分業の最小単位ごとに資格を設けるということである。

資格認定制度はＰＡを対象にしたもの、と先に述べた。チェーンレストランの現場では、全体の労働時間に占めるＰＡの比率が高まっている。オペレーションの主役をＰＡに担ってもらう必要がある現状では、スタンダードの実現に資格認定制度は欠かせない。

社員を採用し、キャリアプログラムに沿って育成していく過程では、資格認定制度はそれほど重要ではない。店長になるまでの3〜4年という、ある程度の時間をかけてオペレーション技術を教えていくことができるからである。

ＰＡはそうではない。新規出店の際にオープニングスタッフを採用する場合は別として、新規採用のほとんどは欠員が出た場合に行なうものである。ということは、できるだけ早く一人前の戦力にするために、短期間で育成しなければならない。

そのために不可欠なのは、以下の2つである。

・トレーニングのテーマと内容が明確になっていること

・教える側と教わる側が同じ目線で、共通の目標に向かって取り組むこと

この2つを具体的に示したものが、すなわち資格認定制度なのである。

資格は当然のことながら、時給と連動している必要がある。ある仕事ができるようになった場合は、その技術を評価して、それによって収入も上がっていかなければならない。よいオペレーションを実現して、お客さまに満足していただき、その結果として働く人たちも豊かになっていく、という環境をつくっていかなければならないのである。

一方で、お客さまの側から言えば、いつ行っても同じように食事の満足度が得られなければならない。また、同じチェーンの看板を掲げている以上、どの店に行っても同じQSCが提供される必要がある。それがチェーンのユニフォーマティ（統一性）であり、どこでも変わらぬ満足度を提供することは企業としての社会貢献の第一歩である。

評価の第一は経営理念の理解

そのためには、企業の中にあるべきQSCを実現するための作業方法の決まりがあり、それを正確に守ることのできる従業員が店にきちんと揃っている必要がある。

資格認定制度は、それを保証するものだ。つまり、チェーンとして存在していくための

最低限の条件は、認定された資格を持った人材が、必要なだけ揃っていることである。

これはホールとキッチン双方に必要だが、とりわけ重要なのはキッチンだ。

調理は科学的に組み立てられているものである。決められた調理温度と調理時間を守り、決められた手順に従って調理をすれば、企業が保証する品質は実現できる。

そのためのツールがレシピであり、調理マニュアルだ。

これは逆にいうと、調理については決められた方法通りに作業をしなければ、お客さまから得ようとする満足度は決して提供できないということである。だからこそ、あるべき作業方法を身につけた従業員が店にいることを保証する、資格認定制度が不可欠なのだ。

オペレーションの8割はキッチンで決まる。ここがしっかりしていないと、つまり決められた通りの品質の料理を決められた時間通りに提供できなければ、お客さまの満足は決して得られない。

これに対してホール作業は、個々の作業方法以上に、気づきであるとか臨機応変な対応がお客さまの満足度を高めるうえで重要になる。基本の接客作業をきちんと身につけていることは不可欠だが、それだけではサービスとはいえない。そうした基本作業以上に応用が重要なのである。

だから、資格認定制度の評価項目については、ホールはキッチンほど細かく設定する必要はない。キッチンでは前述のポジションごとに、一つひとつの作業のできばえを評価していくが、ホールは個々の作業以上に従業員同士の連携やフォローがきちんとできるチームワーク力が重要になる。

資格認定制度において、評価の対象となるのは調理や接客の作業だが、その前に重要な評価項目がある。それは「経営理念をきちんと理解していること」である。

オペレーションの目的は、個々の作業ではない。目的はあくまで、お客さまの満足を得ることにある。そして、わが社は何を提供することでお客さまの満足を得ていくか、を示したのが経営理念である。接客にしても調理にしても、常にこのことが念頭にないと「単に作業をしているだけ」になってしまう。

どういう心構えで調理をするか、どういう気持ちでお客さまと接するかによって、作業のできばえは必ず違ってくる。それが最終的に、お客さまの満足度を左右するのだ。

経営理念について聞かれた時に、きちんと答えることができるか。これが資格認定制度における第一の評価項目になる。

12　資格認定制度の本当の目的

資格認定制度はチェーンレストランにとって商品、サービスそして店の雰囲気などのユニフォーマティを保証するものである。同時にそれは、お客さまに対してQSCのスタンダードの提供を保証するものでもある。

資格認定された人材とは、すなわち商品やサービスのスタンダードを店で表現できる技術を持った人材だ。そうした人材がホール、キッチンともに必要数だけ揃っていることが、お客さまに満足度を提供するための第一の条件と考えるのである。

共通の仕事の目標を示したもの

店長にとってトレーニングの目的は、そうした資格を持った人材の数を増やしていき、顧客満足度を高めていくことだ。トレーニーにとっても、より難易度の高い資格認定を受けることがモチベーションとなり、また時給のアップという形で自らの生活の向上につながる。

つまり、資格認定制度は店で働く人にとっても、働くうえでの共通の目標を示したものなのだ。

だから資格認定制度は、その内容が誰にでもわかるように明示されていることはもちろん、誰がどのような資格を有しているかがオープンに示されている必要がある。多くの資格を持っている人は、新しく入ってきた人にとっては身近な目標である。その仕事ぶりを

資格認定					氏名
DC	ST	CO	PR	DW	主任
	ST	CO	PR	DW	社員1
		CO	PR	DW	社員2
DC	ST	CO	PR	DW	トレーナー1
	ST	CO	PR	DW	PA1
	ST	CO	PR	DW	PA2
			PR	DW	PA3
					PA4
		CO	PR	DW	PA5
			PR	DW	PA6
DC	ST	CO	PR	DW	PA7
			PR	DW	PA8

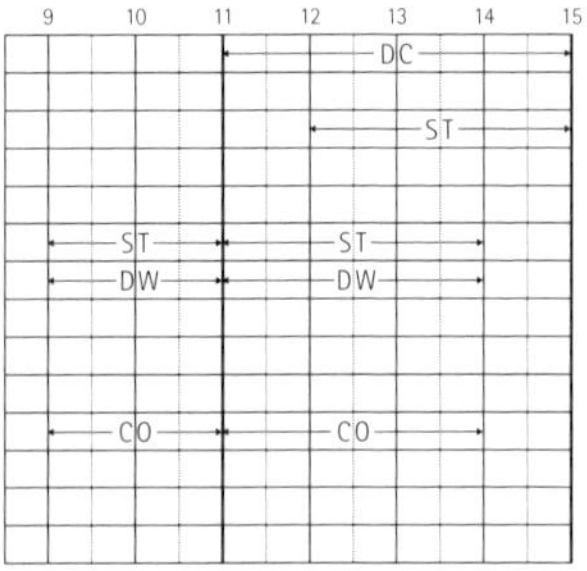

＊ワークスケジュール表(一部)の例。左端が各人が認定された資格を記入する欄。
これはキッチンの例で、DC＝デシャップコントロール、ST＝ストーブ、CO＝コールド(サラダ類)、PR＝プレップ(仕込み)、DW＝ディッシュウォッシャーの各ポジションを表す。

見て「あのような技術を早く身につけたい」と思うことが仕事の意欲を高め、同時にトレーニングの効果を高めるのである。

具体的には、店長が作成するワークスケジュール表に、各人が取得している資格を記入する欄を設ける（別掲表参照）。店で働く一人ひとりについて、資格の数がどれだけ増えているかが、その店のトレーニングの進捗状況を示す。

資格を記入する欄を着実に埋めていくことが、店長にとってトレーニングの目標になる。逆にいうと、数週間あるいは数ヵ月たっても資格記入欄の埋まり具合が変わらない場合は、店長に対して上司からの指導が与えられなければならない。

このワークスケジュール表は、お客さまにスタンダードを提供できているかどうかを判断する材料でもある。ランチやディナーのピークタイムに、資格を持った人材が必要な数だけ配置されていなければ、お客さまの不満を生んでいる可能性が高いということになる。

それゆえ、店長を指導するAMは店の状態を見ると同時にワークスケジュール表を確認し、トレーニー一人ひとりについてトレーニングの不足している点を店長に指摘していくのである。

トレーニーに対して作業を教えていくのはトレーナーの役割だが、そのできばえを評価し資格認定を行なうのは、あくまで店長である。評価者＝店の責任者になっていないと、店の中にしっかりとした上下関係が生まれず、組織の統率ができない。店長の思惑通りに店が動かなければ、オペレーションの成果は決して出ない。

店長はトレーナーから、トレーニー一人ひとりについてトレーニングの進捗状況の報告を受ける。それこそが、店長とトレーナーのコミュニケーションである。そのうえで、営業中のトレーニーの仕事ぶりを見て、資格を認定するかどうかを判断していく。

判断するうえでの最大のポイントは「作業の正確性」だ。キッチンであれば、あるべき手順に沿って、決められた調理温度、調理時間を守れているか。ホールでは、個々の接客作業に加えて、作業の優先順位（自分の担当テーブルで、料理のできあがりとオーダー受けが同時に発生した場合にどちらを優先するか、など）がきちんと守れているか、といった点を見ていく。

決して、スピードや要領のよさ、あるいは気のきいた対応ができるか、といったことを評価するのではない。作業一つひとつについて、スタンダードを実現するために最低限必要な技術がきちんと身についているかどうかが、唯一の判断基準なのである。

PAを社員登用する際にも不可欠

人に対する評価は、公正であり、公平でなければならない。公正とは、良し悪しを判断する明確な基準が、誰にでもわかるように明示されていることだ。そして公平とは、その基準が誰に対しても分け隔てなく、正確かつ平等に適用されることである。

資格認定制度においても、このことが絶対条件になる。この資格認定を受けるためには、どのような技術を身につける必要があるのか。その結果はどう評価され、具体的に時給はどう上がっていくのかが、はっきりと示されていなければならない。

時給については、認定資格ごとに細かく昇給を設定することに加えて、ホールとキッチンそれぞれで最高時給をいくらに設定するかが重要である。それが上位資格者の権威を生むと同時に、トレーニーがトレーニングに取り組むモチベーションになる。

また、オペレーションにおける重要度を考えると、ホールよりもキッチンのほうを高く設定すべきである。ホールリーダーの時給よりも、デシャップコントロールを担当するキッチンリーダーの時給のほうが高い、というのが望ましい形である。

地方都市のあるチェーンでは、キッチンの時給は900円からスタートして、キッチンリーダーでは1300円に設定している。当然、より上位の資格認定を受けたときのみ時給が上がり、それぞれの時給はいくらかも全員に示されている。「あの人のような仕事ができれば、これだけの収入がある」という、明確かつ誰にでも挑戦できる目標を持てることが大切なのである。

PAから社員に登用される道を開いておくことは、これからチェーンレストランが成長するうえで重要になってくるが、その場合にも資格認定制度は不可欠である。

店で着実に資格認定を受けていけば社員になれる、という目標があれば、PAが仕事に取り組む姿勢も変わってくる。また採用においても、高い意欲を持った人材を確保することにつながる。

あるラーメンのナショナルチェーンでは主婦でPA出身の店長が数多く生まれて、そのことが競争力向上につながっているが、それは社員登用も含めた資格認定制度があるからだ。彼女たちは、その能力を社内の誰からも認められて、店長としてふさわしい待遇を与えられている。当然、高いモチベーションを持って仕事に取り組むことになる。

お客さまに対してはスタンダード通りのQSCを提供し、店で働く人に対しては仕事の目標とやりがいを提供すること。これこそが資格認定制度の目的なのである。

第3章　店長の数値管理の技術

1　コストコントロールの意味

この章では「店長の数値管理の技術」をテーマに、店長が店で負っている責任を、数字で表現するとどうなるのか。それを管理していくうえで大事なことは何か、について解説していく。

まず、店長が大事にしなければならない数字の第一は売上高である。そして次には経費、とくに経費の8割を占める原価と人件費を問題にしなければならない。さらに、経営は効率が大事だから、店においては人の効率、すなわち生産性を追う必要がある。

不可欠なのは「標準」があること

しかし、これらの数字を扱う前に、しっかり理解しなければならないことがある。それは、もっとも大事な数字である売上高はどのようにして生まれるかということである。

売上高は、お客さまの満足度によって変化する。すなわち、満足度が高ければ売上高が上がり、低ければ下がっていく。そして、お客さまの満足度は何で決まるのかといえば、提供される料理の質と、サービスの質によってほぼ決まるのである。

料理の質を決定づけるのは、技術だけでなく、使う食材と調味料の質と分量である。サービスも同様に、必要な技術力を備えた人が、必要な数揃っているかどうかが問題になる。そのために、原価と人件費という経費を適切に使い、お客さまの満足を得て利益を生んでいくことが、すなわちコストコントロールなのである。

数字の問題を見る時に、店長としてまず考えなければならないことは「仕事の目的とは何か」ということである。それは、これまで折に触れて述べてきたように、お客さまの満足を得ることだ。数値管理においても同様に、来客数と労働時間や原価率など、数字のバランスを見て、目的が達成できたかどうか判断できなければならない。

先ほど、コストコントロールの目的は、経費を適切に使うことでお客さまの満足を得ていくこと、と述べた。この、お客さまの満足が目的として明確になっていないと、コストコントロールではなく単純に経費を下げていく〝コストカット〟になってしまう。

お客さまの満足を得るための前提は、スタンダード通りのＱＳＣ（quality, service, cleanliness）が実現できていることである。店長はオペレーションによって「スタンダード通り＝お客さまの期待通り」の商品とサービス、店の雰囲気を提供して、お客さまの満足を得るという責任を負っている。

その責任を果たせているかどうかを、数値によって判断できるようにしていくのが数値管理である。あるべきQSCを実現できるように、適切な経費の使い方ができているかどうか。これこそが、店長の数値管理のポイントであり、店長が負っている数値責任達成の仕組みなのだ。

経費については、原価と人件費が重要であると述べた。この2つの経費を適正に管理するためには、不可欠な条件がある。

原価管理のためには、食材の品質基準と1人前に使用される食材と調味料の分量が明確になっていなければならない。すなわち、レシピがきちんと整備されていることが、原価を管理し品質基準を守るために不可欠な道具になる。

人件費についても、原価と同様のことがいえる。まず必要なのは、QSCを実現するための人のレベル、言い換えれば身につけておくべき調理と接客の技術が明確になっていることである。そのためには前章で述べたように、資格認定制度が不可欠になる。

そして次に、客数何人に対して、働く人は何人必要かという「標準人員配置」が明確に示されていること。これに基づいて、時間帯ごとに来客数を予測し、必要な人員を配置していくのがワークスケジュールである。

店長に課せられた数値管理とは、これらの決まりごとを的確に準備していくことである。日本の外食企業の多くは、本来あるべき数値管理をいっさい抜きにして、一足飛びに店長の数値責任＝売上高と利益、となってしまう。もちろん、売上高と利益を確保することは、企業が存続するうえで不可欠だ。しかし先に述べたように、店長の仕事の目的とはお客さまの満足を得ることであり、そのために適切に経費を使うことこそが大事である。売上高と利益は、その結果として得られるもの、と理解しなければならない。

コストは低すぎる場合こそが問題

つまり、店長がまず注目すべき数字は売上高や利益ではないのである。レシピに定められた通りの食材を使って調理したか、客数に対応した人員を必要なだけ揃えていたかを、数字によって判断すること。そして、標準からはずれている場合は、標準に近づけるようコントロールしていくこと。これが、店長が果たすべき数値管理の中身である。

店長の数値責任を売上高と利益、とりわけ利益に直結させてしまうと、人手を削ったり、食材の質を下げることになり、必ず店の陳腐化を招く。経費を適切に使うことを無視して、経費を削って利益を出すことが目的になってしまうからだ。あるべきQSCのスタンダードが明確になっていないと、お客さまの満足が置き去りになってしまう。結果として店の人気は下がり、売上高が下がり利益もなくなるという悪循環に陥る。

チェーン経営では「店はプロフィットセンターである」と言われる。確かに、プロフィット（利益）は店長が大切にすべきものであり、企業存続の絶対条件である。しかしその前に、企業存続のために不可欠なのは、お客さまの支持が継続してあり、結果として客数が増えていることである。その考え方を、企業全体で共有しなければならない。

お客さまの満足を得るための、あるべきQSCのスタンダードが明確にあること。それを実現するための経費の使い方についての標準値が示されていること。この2つが、店長が数値管理をしていくうえで不可欠の条件だ。それがない限り、店長に数値責任を課してはいけないのである。

米国のチェーンでは、この点が非常に明確になっている。そして、急速に成長しているチェーンは例外なく、コストコントロールの高い技術を持っている。

たとえば、直営で1700店を持つメキシカンのチェーン「チポトレ」では、毎年3桁の成長を続けながら、原価率と人件費率は前年と比較して0・1ポイント程度のブレしかない。いかに的確にコストコントロールができているかの証拠である。

日本のチェーンであれば、店数と売上げが急速に伸びれば数ポイントの差が出てくる。そして、規模拡大によって原価率や人件費率が下がったというのであるが、実のところはコストコントロールの基準がないために、商品やサービスの質の低下を招いているケースが多いのだ。そんな企業は結局、成長を持続できなくなる。

経費は下げればよいというわけではない。むしろ、標準と比較して下がっている場合は早急にそれを見つけて手を打つことが、コストコントロールである。

店長があるべき形で数値管理を行なっていくことは、店の人気を高め、企業が存続し成長していくための絶対条件である。次からは、数値管理の技術、そのための道具の使い方などを具体的に解説していこう。

2　売上げ増のための数値管理

多くの場合、店長の数値コントロールとは経費コントロールのことだと思われている。それは、売上高が一定であると仮定したり、あるいは下がることを前提として、いかに経費を抑えていくかの技術ばかりを問題にしているからである。つまり、過去の実績をもとに、数値をどう変えるべきかという、いわば過去の管理になっているのである。

この認識をまず、改めなければならない。店長に必要な数値管理の第一項目は、決して経費コントロールではないのである。

「最大客数」の目標を持つこと

では、何のコントロールなのか。前項で、店長にとって大事な数字は売上高と客数であると指摘した。ということは、売上高を上げられるよう客数をコントロールしていくこと、さらにいえばこの2つをともに増やしていくことこそ、最重要の数値管理なのである。

売上げや利益の前に、先行すべきことはお客さまの満足度である。つまり、経費に先行するのは売上高と客数ということなのだ。

ここでいう数値管理の目的は、店舗現場のオペレーションラインにおいて、売上高と客数の増大を図るための取り組みができたかどうかを分析することである。そして、できていなかった場合は原因を分析し、改善のための具体的な課題を導き出すことだ。当然、店長の上司であるエリアマネジャー（AM）のチェックポイントも、そこになければならない。

一番注目しなければならないのは、売上げの機会損失が発生していないか、ということである。得られるべき売上高を逃してしまったということ以上に、お客さまに不満を与えた結果、売上げと利益を減らしてしまっていることを問題にする必要がある。

具体的には、最大の客数が得られたかを時間帯ごとに分析する。最大の客数を得るには、ワークスケジュールの項で述べたように、客数予測に基づいて必要な技術を持った人を必要な数用意することがまず必要である。

そして次に、それぞれの人が最大客数を得るためのオペレーションを実践することであ

		11	12	13	14	ランチ
客数	前年	75	82	77	73	307
	予測	80	84	78	79	321
	実績	81	83	80	68	312
	差					9
売上実績						298,584
客単価						957
時間帯別人時売上高						4,660

ホール人員配置	標準	4.5	10	8	8	6	32
	実際	6.50	8.50	9.00	9.00	6.00	32.50
K配置	実績	0.00	1.00	1.00	1.00	1.00	4.00
キッチン人員配置	標準	6.5	5	7	6	6	24
	実際	5.50	5.75	6.00	6.00	5.00	22.75

提供率10分（13分）以内	19	22	23	20	84
	82.6%	84.6%	79.3%	86.9%	83.2%
	4	4	6	3	17
	17.4%	15.4%	20.2%	13.1%	16.8%
MAX	15	14	13	16	16
不明	0	0	1	0	1

る。料理長あるいはキッチンリーダーは、料理を決められた時間通りに速く出すこと。ホールを担当するサーバーは、客席回転がよくなるようにサービスすること。お客さまの案内、中間バッシング、最終バッシング、次のお客さまを迎えるためのテーブルのリセット（準備）を速く行なうといったことである。

それらを実践できたかどうかを分析することが、店長の数値管理の第一歩だが、そのために必須のことがある。

それは「わが店はピークタイムに1時間当たり何人のお客さまを迎えられるか」という指標である。ウエイティングが出るような状況になっても、スタンダード通りの料理とサービスを提供しながら、これだけの客数は獲得していくという目標数値を持つことである。これがないと、売上げの機会損失が発生したかどうかがわからない。

時間帯ごとの客数は、別掲のように営業日報に記入するが、その実績数値を目標数値と照らし合わせて分析する。この日報は、あるレストランチェーンの実例だが、80席の標準店でピーク時の1時間当たりの客数の目標値を80人としている。

1時間当たり80人を超えていれば、機会損失はなかったと判断するわけだ。逆に80人を下回っている場合は、客席への案内や料理提供が遅れて、お客さまに不満を与えていると判断する。先に触れたように、売り逃しが出ているという意識よりも、お客さまに不満を残したことが問題なのである。

この例では、休日ということもあり11時~13時のランチのピーク時には、どの時間帯も客数が80人を超えている。スタンダード通りの料理とサービスを提供できたと判断できるわけである。

客席回転率は満足度を示す数字

売上高は客数×客単価だが、客数を上げるためのポイントは客席回転率にある。例に挙げたレストランチェーンでは、スタンダード通りのサービスができた場合には45分前後で全テーブルが1回転すると設定している。ピーク時でも80席が完全に埋まるわけではなく、この店では満席率を80%と設定しているから、1時間当たりの客数にするとだいたい80人ということになる。

この客席回転率を左右する一番の要素は、料理の提供時間である。ここでは、以前に触れた提供率という数字を問題にする。提供率とは、全テーブルの伝票のうち、標準とする時間内にすべての料理を提供できた伝票の比率を示したものである。

この例では、ランチは注文から10分以内に、注文を受けたすべての料理を提供することとしている。12時台を見ると、時間内に提供できた伝票は22枚で全体の84・6%、時間をオーバーした伝票は4枚で全体の15・4%だった。提供率は8割を超えているから、提供時間については大きな問題はなかったことがわかる。

もうひとつ注目すべきが、MAXという項目の数字である。これは、注文から提供までにもっとも時間がかかった伝票の提供時間を示している。同じ12時台を見ると、一番遅かったテーブルでも14分で、極端な遅れは出ていない。これも、許容範囲は何分までで、それを超えるとお客さまの不満をかっているという指標を持つ必要がある。

先に述べた満席率についても、オペレーションの良し悪しによって変動する数値であり、これもきちんと分析する必要がある。

この例では満席率80%と述べたが、これはかなり高い数字である。郊外型レストランの多くは65%程度で、オペレーション力が低いとどんどん下がってしまう。

わが社は満席率何%をめざす、という明確な目標が必要である。そして、それを実現するためのルールをきちんと決めなければならない。この時間帯には、3人以上でなければ原則として4人掛けの席には案内しない、といったことである。休日やピーク時にわが店に来店されるお客さまの、1組当たりの客数の組合せが把握できていれば、案内のルールも実践できるのである。

満席率や客席回転率、提供率といった数字は、オペレーションの良し悪しを判断するものであると同時に、売上げの機会損失が発生していないかという判断基準の物差しとなる。すなわち、店長にとってもっとも重要な数値管理のポイントでもあるのだ。

これらが、目標とする数値とかけ離れている場合に、その原因を分析し実効性のある対策を打つこと。これが店長が果たすべき第一の数値管理である。それは言い換えれば、お客さまの満足を得て、売上げと客数をどう上げていくかの取り組み方である。

売上高は店長のオペレーションの状態で決定する。つまり、数字を変えるのは店長のオペレーション技術なのである。

3 客席回転率と客単価の重要性

先に売上高とは客数×客単価であり、オペレーションの良し悪しを判断する指標として客席回転率が重要であると指摘した。つまりピークタイムに客席をどれだけ回転させることができるかが、売上高を決めるとともに、お客さまの満足度を決定づけるということである。

この考えに立てば、冒頭に挙げた公式は以下のようになる。

・売上高＝客席数×客席回転率×客単価

すなわち、オペレーションレベルは客席回転率と客単価に表れてくるのである。

よいサービスは回転率を高める

客席回転率は料理の提供スピードで決まる。料理をいかに、決められた時間内に提供できるかが客席回転率を決める。そのために、提供率という指標が重要になってくるわけだ。そして、もうひとつの判断指標が客単価である。この数字にも、オペレーションの良し悪しとお客さまの満足度が表れてくる。

一般的に、客席回転率と客単価は相反する要素だと思われている。あまり客席が回転せず滞席時間が長い店ほど客単価は高くなるというのだが、これはまったく逆である。料亭や高級レストランならいざしらず、郊外立地のファミリータイプの店で滞席時間が長いのは料理提供が遅かったり、長々とおしゃべりに興じるお客さまが多いことに理由がある。そのどちらもが、オペレーションレベルの低さによるものである。

逆に、よいオペレーションができていれば、客席回転率と客単価をともに上昇させることができるのである。

サービスがよくなれば、客席回転率は間違いなく上がっていく。重要なことはサービスの遅れがないこと、すなわち「お客さまはいま何を欲しているか」について見逃しがないということである。

たとえば、お酒を飲みながら食事をしているお客さまの様子を見て、グラスのお酒が残り少なくなっていたとする。その際に、「お替りをお持ちしましょうか」とひと声かけるだけで、食事のペースは速くなる。

もともとお酒を2杯以上飲みたいと思っていたお客さまは、お替りをすぐに注文できる。また、1杯でやめようと思っていたお客さまは、このひと言でお酒から食事への切り替えが早まる。どちらにしても、トータルの食事時間は短くなり、客席回転率は上がっていくことになるのである。

お客さまは、レストランに食事をしに来ている。けっしておしゃべりが主目的ではない。滞席時間が長くなる、いわゆる長っ尻になるのは、お客さまを放置しているからに他ならない。それはけっして、満足度の高い状態ではない。

テンポよく食事ができることが、お客さまの最大のニーズなのである。それは「あの店に行けば、こういうペースで食事ができる」という安心感につながる。安心感こそ、地域密着の店になるためにもっとも必要な要素である。その安心感は、よいオペレーションができてこそ生まれてくるのである。

そしてもうひとつの要素である客単価。これは、デザートを例にとってみればよく理解できる。デザートの注文率が上がれば、客単価は上昇していくが、これもサービスのよさがポイントになる。デザートをきちんと推奨販売できるか、お客さまの食事のペースを見ながら対話を繰り返し、最適のタイミングでおすすめできるかが、デザートの注文率を大きく左右するのである。

お客さまを放置しているようなサービスでは、けっしてデザートの注文は増えていかない。また、急にデザートを重点販売品目と決めてサーバーにおすすめをしなさいと指示してみても、それだけで注文率が上がるわけではない。

大事なのは、いつもテーブルに何度も足を運んでお客さまの食事の状態をよく見ていることと、そういうサービスを普段から実践していることだ。だから、ファミリータイプのレストランでデザートがきちんと出るかどうかは、オペレーションレベルを判断する重要な物差しになる。

また、デザートが出るということは食事が終わりという合図。ここまでテンポよく食事が進めばお客さまは満足して席を立たれ、結果として客席回転もよくなる。

目標設定と具体的な行動が大事

このように考えていけば、客席回転率と客単価は決して相反するものではなく、同時に高めていけることがわかる。そして、そのような結果が数字で出てくると、お客さまの満足度も上がっていくのである。

だから店長にとっては、客席回転率と客単価は、オペレーションをよくして売上高を上げる数値管理のポイントである。そして、客席回転率を高める鍵が料理の速い提供であり、提供率が重要になってくるのだ。

これらの数字を向上させていくために、毎日作成する営業日報による管理が不可欠なわけだが、単に数値を把握しただけでは意味がない。そこには明確な目標と実績との対比が必要になる。

前項で、営業日報の例を紹介したレストランチェーンのある店では、ランチのピーク時には1時間当たりの来客数が80人を超え、売上げの対前年同月比も107%を達成し非常に好調であった。しかしそれに安住せず、より高い目標を掲げたのだ。その目標とは、1時間当たり来客数80人の状態をランチタイムに3時間続けるというものであった。

そのために具体的にとった行動は、サーバーがお客さまとの対話を増やすことだった。結果としてサーバーが担当テーブルに足を運ぶ回数が増え、オーダー受けから中間バッシング、最終バッシングまでの流れがよくなり客席回転がスムーズになった。その結果、目標を立てて動きはじめた翌月には見事、目標を達成することができた。

この店では同時に、デザートの注文比率を高めるという目標についても大きな成果を出した。価格の安いミニデザートを中心に積極的に販促し、注文比率12%を目標にしたところ、20%を超える数字を達成したのである。

そのポイントも、サーバーとお客さまとの接点を増やすことにあった。ディナータイムには、お客さまが滞店している間に1テーブルに12回足を運ぶという目標を立てたのである。お客さまの食事の進行状況をしっかり把握しているから、的確なタイミングでデザートをおすすめでき、お客さまから気持ちよくオーダーをいただけた。商品力はもちろんだが、こうした取組みがより大きな成果を生み出すことになる。

ここではデザートを例に挙げたが、それに限った話ではない。季節のフェア商品やサイドメニュー、ドリンクなどについても同じことがいえる。大事なことは、売上げを上げるために重要な数値を営業日報できちんと管理し、あるべき数値目標を立て、実現のための具体的な行動をとることだ。

繰り返すが、数値管理の目的はお客さまの満足を高め、その結果として売上げを上げていくことにある。けっして原価や人件費といったコストを一定の枠に収めていくことが目的ではないのだ。

4　フードコスト管理の出発点

フードコストに限らず、経費をコントロールする目的とは、経費を適正に使用することでお客さまの満足を得ると同時に、適正な利益を確保していくということである。

もうひとつ、理解しておかなければならないのはコントロールという言葉の意味だ。それは、あるべき数値に実際の数値を近づけていくことである。ところが日本の外食企業の多くは「結果としてこうなった。経費を多く使いすぎたのでカットしよう」というのをコントロールだと誤解している。

経費コントロールとは、経費を適正に使う技術のことなのだ。適正に使うためには、あらかじめ基準が定められていなければならない。その基準となるのが、フードコストでいえばレシピと標準原価率である。

レシピには1人前の原価が不可欠

レシピはチェーンレストランにおいて不可欠なものだが、日本の外食企業の多くはこれがあるべき形になっていない。

レシピは、以下の条件を備えている必要がある。

レシピの記載例

◉調理手順

ハンバーグパティを取り出し、
200℃のグリドルに乗せる。

⋮

調味料Aと調味料Bをフライパンで
熱してソースをつくる。

⋮

皿に焼き上がったハンバーグを乗せ、
茹でたジャガイモ1個、
ニンジングラッセ2個、
ブロッコリー2個を添える。

◉レシピ

食材名	数量	単価
ハンバーグパティ	1個	200円
調味料A	50ml	15円
調味料B	30ml	20円
ジャガイモ	1個	15円
ニンジン	2個	10円
ブロッコリー	2個	20円
合計		280円

販売価格1000円　　原価率28%

［1］…1人前の料理に使う食材と調味料の分量が明示されていること

［2］…その食材と調味料それぞれの原価（単価）が金額で明示されていること

この2点が揃っていないと、フードコストのコントロールは絶対にできない。ところが実際には、［1］はできていても［2］が不十分なケースが実に多いのである。

［1］は、スタンダード通りのおいしい料理を提供しお客さまの満足を得るために不可欠である。同時に、それによって原価が安定し利益を確保できることが大切で、そのために不可欠なのが［2］だ。つまりこの2つは不可分なものなのである。

上に示したのが、あるべきレシピの例である。調理手順と対応する形で、1人前の料理に使用する食材と調味料の分量、それぞれの単価が明示されている。この分量が「標準使用量」であり、食材と調味料の単価合計を販売価格で割ったものが単品の「標準原価率」である。この2つの数値がフードコストコントロールにおける重要な基準になる。

多くのケースでは、この2つの数値をきちんと出していないためにコントロールができていない。毎月の棚卸しで「先月末在庫高＋当月仕入高－今月末在庫高」によって原価を出し、それを売上げで割ることで原価率を出しているが、1品ごとではなく全体の数字を問題にしているだけである。つまり管理が丼勘定になってしまっているのである。

フードコストの管理はあくまで、標準原価率を基準に行なわなければならない。

たとえば、ハンバーグの販売価格が1000円で、それに使用するパティ、ガロニ、ソースの単価の合計が280円とする。このハンバーグが月間1000食出たとすれば、数値は以下のようになってくる。

・月間の標準使用量　280円×1000＝28万円
・標準原価率　28万円÷（1000円×1000）＝28％

ところが棚卸しをして、ハンバーグに使用する食材と調味料の月間使用量から原価率を割り出したところ、30％になったとする。この30％が「実際原価率」となるが、標準原価率と実際原価率の2％の差はどうして生まれたのか。この点を問題にして、実際原価率を28％に限りなく近づける原価管理がフードコストコントロールである。

ロスを常に把握する習慣をつける

数値に差が生まれたことが問題なのではない。問題にすべきは差が生まれた理由であり、その原因がどこにあるのかということである。それを特定し、改善につなげていくことこそ、コントロールの目的である。

実際の使用量があるべき使用量を上回っていた場合は、食材と調味料の使いすぎということになる。その理由の多くは、料理として提供されることなく廃棄してしまったこと、すなわちロスによるものである。このロスがどのような理由で発生したのかを、常に把握しておく習慣が必要である。

あるチェーンでは、営業日報に当日の食材廃棄量を記載する欄を設けている。さらに「食材ロス」「スタンバイ品」「調理ミス」「完成品」といった項目を設け、廃棄した理由別にその金額を記載するようにしている。

食材ロスとは使用する前に劣化したりして廃棄したもので、これは発注と在庫管理に問題があったことになる。とくに在庫管理については、食材の標準配置が守られず、冷蔵庫内で食材の品温が上昇して劣化したなどの理由が考えられる。

スタンバイ品は仕込んだ後に廃棄したもの。これが多いということは、売上げ予測や商品の出数予測に問題があることになる。

調理ミスによる廃棄は、誰が、どの料理を調理した結果発生したかが問題である。これを特定し、個人のトレーニングを重点的に行なうことになる。

完成品は、料理をつくった後に廃棄したもの。サーバーが間違ったオーダーを通した、キッチンの側がオーダーを聞き間違えたなどが理由である。また、数量の伝え間違いや聞き間違いもある。オーダーを通す際のメニューの略称がルール通りか、メニュー名の前に数量を言ってオーダーを通すといったルールを徹底しているかを確認する必要がある。

このように、あるべき数値と実際の数値が違ってくる要因を常に問題にする習慣をつけ、そこからトレーニングのテーマを導き出していくことが重要なのである。

他にも、原因が表面的には見えてこないけれど大きなロスにつながる問題がある。それは「ポーションコントロール」の技術が未熟なことによるものである。

これは、1人前の分量を決められた通りに盛りつける技術である。この点で大きなロスが発生するのがご飯である。1人前が200gと決められていても、出数が多いために220g、230gを盛りつけてしまうケースが多く見受けられる。これで1割以上のコストの違いが発生するので、トータルで大きなロスになって表れてくる。

同じことはサラダの盛りつけについてもいえる。ここでも大事なことはトレーニングの徹底だが、もうひとつキッチンリーダーの役割を明確にすることが不可欠である。料理をポーション通りに盛りつけてあるかをデシャップでチェックするのがキッチンリーダーの役割であり、それが商品のスタンダードと原価管理に直結している。

コストについてあるべき数値を実現していく責任は、最終的には店長が負う。しかしその責任を果たすために不可欠な、一つひとつの作業の責任は誰がどういう形で負っているのかを明確にしておかなければならない。それがフードコストコントロールのうえで大事なポイントになるからである。

5　フードコスト管理の実務

フードコスト管理におけるポーションコントロールの重要性を指摘してきたが、他にも、キッチンの食材管理や調理器具の扱い方によって商品のクオリティが下がったり、コストが変わってくることがある。現場の作業内容と、それが数字とどうつながってくるかを理解しておく必要がある。

「仕入率」で発注状態を把握する

たとえば、冷凍のハンバーグパティを解凍し、グリドルで焼きあげるというオペレーションがあるとする。解凍して7℃まで食材温度を上げてから焼くのがルールだが、それを冷凍状態のまま焼いてしまった。温度の低い状態で急速に加熱すると、ハンバーグは縮んでしまい、あらかじめ決められた商品の状態で提供できなくなる。

グリドルの表面温度が220℃が規定のところ、180℃までしか上がっていない状態で焼いたとする。この場合は、規定通りの焼き色に仕上げようとすると調理時間が長くなり、ジューシーさのないパサパサのハンバーグになってしまう。食材温度が低い場合と同様の問題が起こる。

キッチンリーダーはデシャップで、こうしたハンバーグがそのまま提供されることのないよう、きちんとチェックしなければならない。一方で、それを廃棄すれば食材ロスにつながるわけだから、二度とミスが発生しないように問題点をその場で指摘する必要がある。

フードコストのコントロールは、食材の発注からオペレーションまでがきちんと連動していないと成果はあがらない。中でも、一番重要なのが出発点である発注である。

これは、必要使用分が適正に発注されているかどうかがポイントである。それを把握するためには、食材カテゴリーごとの「仕入率」を明確にしておく必要がある。

仕入率とは、ある期間中の仕入高（仕入量×単価）を同期間中の売上高で割ったものである。各カテゴリーの仕入率の合計が、その店の仕入率になる。在庫量がほぼ一定で、かつ店の在庫が少なく維持されていれば、この仕入率は原価率とほぼ同じになる。

次頁に、ある焼肉チェーンの例を挙げた。2エリア計10店の仕入率が一覧になっている。

仕入率の記録例

店名	仕入率	牛肉	豚肉	鶏肉	野菜	タレ	冷凍	麺・飯	ドリンク	デザート	その他
① 地区	27.7%	11.0%	1.7%	1.3%	2.2%	0.6%	2.2%	1.7%	4.7%	1.1%	1.2%
A 店	27.7%	11.3%	1.8%	1.4%	2.0%	0.6%	2.2%	1.7%	4.7%	1.0%	1.0%
B 店	27.8%	10.8%	1.6%	1.3%	2.3%	0.7%	2.2%	1.7%	4.9%	1.3%	1.0%
C 店	27.6%	11.1%	1.7%	1.4%	2.3%	0.6%	2.3%	1.8%	4.3%	1.1%	1.1%
D 店	27.7%	10.8%	1.7%	1.3%	2.2%	0.6%	2.4%	1.6%	4.9%	1.2%	1.1%
② 地区	27.4%	10.4%	2.4%	1.4%	2.1%	0.7%	2.1%	1.9%	4.3%	1.2%	1.0%
E 店	27.5%	11.2%	1.8%	1.5%	2.3%	0.7%	1.9%	1.9%	4.3%	1.1%	1.0%
F 店	27.1%	9.9%	2.5%	1.3%	2.2%	0.6%	2.0%	1.9%	4.4%	1.2%	1.1%
G 店	27.1%	10.0%	2.9%	1.7%	2.2%	0.6%	2.0%	2.2%	3.7%	1.0%	0.9%
H 店	27.2%	10.5%	1.9%	1.3%	2.2%	0.6%	2.2%	1.7%	4.5%	1.3%	1.0%
I 店	29.0%	11.2%	2.6%	1.5%	2.2%	0.7%	2.1%	2.1%	4.3%	1.3%	0.9%
J 店	26.9%	9.7%	2.5%	1.4%	1.7%	0.7%	2.3%	1.8%	4.4%	1.2%	1.0%

これを見ると、I店の仕入率が他店と比較して高い数字になっている。カテゴリー別の仕入率を見ると、牛肉と豚肉、麺・飯のカテゴリーが高いことがわかる。

　このデータをもとに店の発注状態を確認したところ、牛肉と豚肉は以前に品切れを起こした苦い経験があって多めに発注していたことがわかった。また、麺・飯の数字が上昇している原因はごはんの使用量が多く、ポーションコントロールが適正にできていなかったためだった。

　多めに発注すれば品切れは防げるが、食材の質が劣化して、お客さまにスタンダード通りの商品を提供できなくなる恐れがある。また、劣化した食材を廃棄すればロスになり、フードコストの上昇を招く。

　ここで大事なのは、正確な売上げ予測と商品の出数予測である。それが正しくできていれば、使用量を適正に発注でき、在庫量も少なくなってフードコストは安定する。

　I店の問題点は、店長の予測技術と発注技術、ごはんを担当するキッチン従業員のポーションコントロールの技術、そしてキッチンリーダーのチェックにあった。こうした店の課題を的確につかんで改善に結びつけるために、仕入率を少なくとも月間、できれば週間ごとに把握していく必要がある。

ここでは焼肉チェーンの例を挙げたが、ファミリーレストランのような使用食材の種類が多いメニュー構成の店でも同じである。食材を肉、魚、野菜、冷凍食品、乳製品などに分けて把握していくのである。重要なのは、店におけるフードコストの変動と、問題がどの食材で発生しているかをいち早く把握することなのだ。

責任を部下に分担してもらう

店長の上司であるAMは、臨店の際に以下のことを確認して、コストコントロールの状態をチェックする。

［1］…在庫量と在庫の配置（食材が適正な量と状態で管理されているか）
［2］…発注票（適正な発注がされているか）
［3］…スタンバイ表（出数予測に応じて食材が適正に準備されているか）
［4］…廃棄票（ロスを正確に把握しているか）

大事なのは、これらを正確に記録しておく習慣をつけることである。記録が残っていれば問題の発生要因が特定でき、そのための対策もいち早く打て、実行に移せるからだ。

そしてもうひとつ、店長がコストコントロールをしていくうえで重要なことがある。それは、コストについての責任を店の部下に分担して負ってもらうことである。

もちろん、コストコントロールの最終責任は店長にある。しかし「それを果たしていくために、この部分についてはあなたに責任を負っていただきます」ということを、店長は職責として部下に伝えなければならない。とりわけ大事なのはキッチンリーダーが果たす役割だ。だからキッチンリーダーの評価項目の中に、フードコストについての項目がなければならない。

目的は、異常な数字が出た場合に責任を追及することではない。作業を担当する一人ひとりが、コストを適正に使うという意識を持つことと、そのために必要な技術を身につけていくことが大事なのだ。

コメの仕入率が規定より高かった場合は、その間にごはんの盛りつけを担当した人は誰だったかを特定し、あらためてポーションコントロールを身につけるためのトレーニングを実施する。一定期間は盛りつけ時に秤で正確に計量して、目分量で正確にできるようになるまでトレーニングを続けるのである。

その結果として原価率があるべき数字で安定すれば、それは担当者に対する評価となる。こうして、店で働く一人ひとりの意欲と責任感を高めていくことが、コストコントロールでは不可欠なのである。

コストコントロールとは日々の努力の積み重ねである。とくにフードコストは、店のオペレーションのレベルがはっきりと数字に表れてくる。月に一度の棚卸しで出てきた数字だけを問題にしていたのでは、問題がどこの部署の誰の技術不足によるものなのかがわからず、改善対策を立てるのも難しい。

6　レイバーコスト管理の基本

つづいてレイバーコスト（人件費）コントロールの技術について解説していこう。

レイバーコストはフードコスト（原材料費）と並んで、店長が管理しなければならない重要な経費だ。そのコストについての考え方や管理方法については、フードコストと共通する部分と異なっている部分がある。

共通しているのは、このコストはお客さまの満足度を高めるために使わなければならないということ。だから、決められたコストをきちんと使い、それによってお客さまの満足を得ていくという考え方が大事である。

オペレーションの目的は第一に、スタンダード通りの商品とサービスを提供して、お客さまの期待に応えることだ。そのための準備をしっかりして、売上げの機会損失を発生させないようにしなければならない。準備とオペレーションの結果として適正な利益が生まれる。こうした考え方は、レイバーコストもフードコストも変わらない。

では異なっている部分は何かといえば、管理の対象が「モノ」であるか「人」であるかの違いである。それによって管理のポイントが大きく変わってくることをしっかりと認識しておく必要がある。

必要な「数と能力」を明確に

先ほど「決められたコストをきちんと使う」と述べた。つまり、お客さまの期待に応えるための人件費の枠が、あらかじめ設定されている必要がある。この枠は決して「利益を生み出すためにこれ以下に抑える」という目的だけで設けるものではない。

「お客さまに満足していただくために、キッチンとホールそれぞれで何人の人が必要か」というのが、ここでいう枠の意味である。その指標となるのが、ワークスケジュールの項で解説した「標準人員配置」である。これは単に数が揃っているだけでなく、どういう技術力を持った人が何人必要か、ということを含めて設定されていなければならない。

時間帯別に来客数を予測し、それに対応できる人を準備し配置しておく。このワークスケジュールがきちんとできていることが、レイバーコストコントロールの出発点である。そのうえで、お客さまの満足度を高めながら効率を上げていく。調理とサービスのレベルを高め、それを接客と調理作業に結びつけるのがコストコントロールである。

そのためには当然、資質を持った人を採用し、しっかりとトレーニングができていなければならない。これが事前の準備にあたる。フードコストの場合は発注と在庫管理、スタンバイが重要であるのに対して、レイバーコストでは人の採用レベルとトレーニング、そして人員配置がポイントになってくる。

ワークスケジュールに沿ってオペレーションを実践した時、お客さまの期待に応えられるだけの人員をキッチンとホールの双方で配置できていたか。これがレイバーコストコントロールにおける一番の検討事項である。それは人員数だけでなく、必要な技術を持った人を用意できていたかが大事である。

標準人員配置に基づき、客数に対応できるだけの人員を用意した場合には、お客さまの期待に応えられていたと判断できる。それと同時に、あらかじめ設定された人件費の枠が予定通り使われたことを意味する。売上高を確保し、人件費をコントロールしたことによって想定している通りの利益が生まれてくることになる。

これらのことを、営業日報できちんと報告する仕組みが不可欠である。店長の上司であるAMは、日報を見て「お客さまの満足度はどうだったか↓人の準備は十分だったか↓経費が適正に使われ利益が生まれたか」という順に、レイバーコストコントロールの項目を検討していくのである。

日本の外食企業の多くは、こうした考え方に基づく仕組みがなく、一足飛びに月次の損益を問題にしている。店長に一定の人時売上高を目標として課し、その達成度のみを評価基準としているのは、その最たる例である。

経費は一定で売上げを上げる

もちろん人時売上高は重要である。しかしそれは経営の目的ではない。オペレーションの目的はあくまでお客さまの満足度であり、それを得た結果として高い人時売上高が達成されるのである。この順序を間違えると、利益を得るために人件費をできるだけ抑えるという間違った管理の方向になってしまう。

フードコストもレイバーコストも、コントロールの基本的な考え方は「お客さまの満足を得るためのコストは客数を増やすために使うものであり、売上高対比の経費率が重要なのではない」ということだ。コストコントロールとは、レイバーコストの場合は先述した標準人員配置の数が守られているかどうかが基本になる。

オペレーション力が上がって売上げが上がれば、それによって利益がさらに生まれてくる。つまり来客数が増えるよう人員数を増やしてコストをかけながら、いかに売上げと利益を高めていくかがレイバーコストコントロールの妙味なのだ。

先述した間違った管理では、売上げが一定であり、その中でいかに利益を生み出すかという考え方に立っている。それでは決してお客さまの満足は得られないし、店で働く人たちの喜びも生まれてこない。結果として売上げが下がり、それに合わせて人員を削減してさらに売上げが下がるという悪循環に陥ってしまう。

そうした間違ったコスト削減の結果、提供する商品やサービスが小売業のそれと大差ないものになっていく。少子高齢化や外食マーケットの縮小が進み、より高いＱＳＣを実現しなければ生き残れない時代だ。そうした環境下にあっては、原価と人件費のコストコントロールが経費カットに重点がおかれないように注意する必要がある。

働く人たちの喜びを追求することも、レイバーコストコントロールの大きな目標である。これが先述したように、フードコストコントロールと大きく違っている部分である。フードコストの場合は食材の質を一定に保つという、いわば科学的な管理技術が中心だが、レイバーコストコントロールでは心理的な側面が重要になってくる。

なぜなら、オペレーションは働く人の考え方や心の持ちようで結果が大きく変わるからである。仕事のやりがい、お客さまに対する気づき、ホスピタリティといった要素がオペレーションのレベルにはっきりと表れ、それがお客さまの満足度を左右する。

ここで重要になってくるのが、店長およびキッチンとホールのリーダーのリーダーシップである。オペレーションはチームワークだから、いかに各人の能力を引き出すかというリーダーの統率力が重要である。それによって働く一人ひとりが「自分は貢献できている」ことを実感できるようになる。

さらに働く人にとっては、正しいオペレーション技術を教えられ、それが自分自身の能力向上につながっていることも大事である。結果として給与も上がっていく。しかもそれが店の売上げや利益の向上と連動していることが、働く人の意欲をさらに高める。

給与が上がれば人件費が上昇する。だから給与の低い未熟練者でできる仕組みをつくろう、という考えがあるが、とんでもない間違いである。むしろ、一人ひとりの給与をどれだけ高められるかが、実はレイバーコストコントロールの最大の目標なのだ。

7　生産性と時給をともに高める

レイバーコストコントロールの目的は、お客さまの満足度を高めるために経費を適正に使い、企業としてあるべき収益をあげることである。そして同時に、働く人の満足度を上げていかなければならない。その満足は、生産性が高くなって給与が上がり、企業も成長していくことによって初めて実現できる。

生産性を上げていくことは企業として不可欠だ。しかし、生産性を追求する時に何が大切かという前提を間違ってしまうと、お客さまの満足度が下がり、結果として企業の収益も悪化してしまうことになる。

時間を前提に仕組みを考える

生産性を上げるうえで不可欠なのは、来客数を増やし売上高を上げていくことである。その際には人時生産性を高めることがポイントになる。人時生産性とは、働く人が1時間当たりにどれだけの荒利益をあげることができたかを示す指標である。

年間トータルの荒利益で見る労働生産性を指標にすることは危険である。それはあくまで結果の数字であり、以前に述べたようにコストコントロールが「結果の管理」になってしまう。その行動は必ず経費カットの方向に向かい、店の人気をなくす。

そうではなく、1時間当たりの生産性をどう高めるかにポイントをおかなければならない。とりわけ重要なのはピークタイムの数字である。忙しい時間帯に来店客の案内や料理の提供が遅れると、お客さまから不満が出る。一方で働く人たちも、お客さまの不満をかうと不安感が高まり、働くうえでの満足感を味わうことができない。

ピーク時に1時間当たりの客数が増えていることは、お客さまを早く案内でき、スピーディに料理を提供できていることを意味する。結果としてお客さまの満足度が上がっていることになる。これがオペレーションを評価するうえでのポイントだ。

標準人員配置に基づき、時間当たりの客数に対応できる人数が配置されていて、かつ働く人すべての技術レベルが高いことが、客数を増やすための重要なポイントである。これがレイバーコストコントロールの目標になる。

一方で、それを実現できるだけの基礎的条件が整っているかが問題である。最大のポイントは、メニューの料理1品1品について注文から提供までの時間を何分とするかの明確な基準と、それを可能にする調理の仕組みづくりである。

提供時間については、世界的な常識がある。朝食であれば6～8分、ランチは8～10分、ディナーは12～15分というのが基準であり、これを超えるとお客さまの不満が高まるとされている。この基準を前提に仕組みを考えていかなければならない。

1品を調理する時間は、標準提供時間の半分以内が目安である。料理提供時間を6分とすれば、その1品の調理時間は3分以内でなければならない。それが可能なメニューになっていなければならないし、スタンバイから調理、提供の流れも整えられている必要がある。

たとえば夏の時期、麺が主力の店で不可欠なメニューが「冷やし中華」である。暑い時期には確実に売れ筋となるメニューだが、同時にオペレーションを乱す大きな要因ともなる。それは、麺を冷やすための作業場が離れたところにあるためだ。

麺を茹でた後で冷やす工程が必要だが、暑い時期には水道水の温度も高くなっているから、氷を使ったり冷やすための特別な設備が必要になる。さらにトッピングの数も通常商品と比べてはるかに多いために、1品の調理作業が多く、かつ複雑になる。

こうしたことがすべて、提供時間の遅れにつながっていく。冷やし中華は夏場だけに限られているために、取組みが中途半端になりがちだ。しかしこのメニューについても、先述した提供時間を大切にした調理の仕組みづくりが不可欠なのである。

最大のポイントは、この調理にかかわる人の数を少なくすること。具体的には1人か2人で完結できるようにすることである。お皿がキッチンの中を動き回っているような状況では、調理時間はどんどん長くなる。

そしてもうひとつ、キッチン内での作業場所が問題である。これはデシャップコントロールを担当するキッチンリーダーの近くでなければならない。作業の進行状況をリーダーが細かくチェックでき、必要に応じてフォローできる環境にしておくことが重要である。

トレーニングの目標が大事

ここで大事なのは、標準提供時間を前提にした調理の仕組みづくりと、それをきちんと遂行できるようにキッチンリーダーが進行状況をチェックすることである。とりわけキッチンリーダーの役割を明確にして、人時生産性を高める意識を持たせることだ。

その技術がデシャップコントロールであり、これがテーブルサービスレストランで料理提供の同時同卓を実現するポイントである。

リーダーは、伝票が入った順番通りに、かつ1枚の伝票の料理は同時に提供できるようにキッチン内をコントロールしなければならない。各セクションに作業の指示を出すとともに、それぞれの進行状況を把握し、遅れているセクションに急ぐよう指示したり、場合によっては他セクションの人員にフォローを命じる。この役割をリーダーがきちんと果たせていることが重要なのだ。

デシャップコントロールが機能していれば、お客さまの満足が高まり、客席回転が早くなってピーク時の時間当たりの客数と売上げが上がる。それにともなって荒利益が向上し、人時生産性も高まるのである。

その前提となるのが1品の調理時間が短いことである。作業が複雑でなく、かかわる人員の数も少ないこと。そう考えると当然、メニューの品目数と調理機器は絞り込まれていることが望ましい。また、調理マニュアルも常に見直していく必要がある。

メニュー変更などで調理工程が変わるたびに1品の調理に要する時間を計測し、それを調理マニュアルに反映するのである。たとえば「皿にレタスを盛る作業は左手も使って1秒で」というように、作業ごとの時間に落とし込む。それが作業のスタンダードを示すとともに、トレーニングの目標にもなる。

トレーニングの目標とは、働く人にとっては自らの評価を高め、時給を上げていくための目標にもなる。つまり、何ができれば時給は上がるかという明確な評価基準が示されていなければならない。

基本となる評価項目は次の5つである。

［1］…一つひとつの作業が正確にできること
［2］…正確な作業を早いスピードでできること
［3］…周囲への気配りができ、チームワークで仕事ができること
［4］…周囲に対するリーダーシップがあること
［5］…部下を教える力があること

［1］からはじまり、［2］、［3］と進むにしたがって時給が上がっていく。［5］の段階になれば、パートタイマーであっても時給1200円、1300円といったレベルが必要である。ここで述べたことを実現すれば、十分それは可能なのだ。働く人の意欲と生産性を同時に高める仕組みづくりこそ、レイバーコストコントロールのポイントとなるのである。

8　レイバーコスト管理の本質

以上、レイバーコストコントロールの技術について解説してきたが、これまでのコストコントロールの考え方と筆者の主張が違うことに驚かれた方も多いのではなかろうか。

一般的にレイバーコストコントロールとは、あらかじめ決められた売上高に対応した枠の中に実際の人件費を収めることだと思われている。しかしその考え方では、売上げが下がれば必然的にコストの枠は小さくなり、あらゆる取組みがコスト削減の方向に向かっていく。

それが結局は売上げを下げていくことにつながる。売上げ減に対応しようとしてコストを削ることになり、その結果オペレーションが乱れてさらに売上げが下がっていくという悪循環に陥ってしまう。

当たり前のことだが、コストとは売上げを上げるために使うものだ。あらかじめ決められた人件費の枠をきちんと使いながら、ピークタイムを中心に客数をどんどん増やすことで売上げを上げる可能性に挑戦していく。そういう積極的な取組みこそがレイバーコストコントロールなのだ。

コストは売上げ増のために使う

逆の言い方をすれば、レイバーコストをあるべき形できちんと使っていけば、売上げは上げられるということだ。店長は客数を増やすことを常に念頭に置きながら、トレーニングによって働く人たちの能力を高め、その人たちの適正な人員配置を考えていくことで店の人気を高めていかなければならない。そのための手段がレイバーコストコントロールなのである。

一番大切なことは、適正に人件費を使うことで顧客満足度を高めることである。適正かどうかを判断する物差しとなるのが客数に対応する標準人員配置であり、それに基づいたワークスケジュールをきちんと作成することがコントロール技術のスタートである。

日本の外食企業では、こうしたレイバーコストコントロールの基本的な考え方がなかなか根付かなかった。先述したように、予算売上げから逆算した枠の中にコストを収めることがコントロールである、という考えに終始してきた。

そういう考えになってしまったのは「商品と立地で売上げは決まる」と思っていたからだ。確かに、店が少なく競争のない時代はそうだった。メニューに売れ筋を揃え、店前通行量の多い幹線道路沿いや駅前立地などを狙って出店していけば、確実に売上げを上げられた。

しかしそれゆえに、売上げを上げるためのオペレーションと店長のマネジメント技術が定着しなかった。レイバーコストコントロールの技術も同様だ。競争激化で売上げが下がってきた時にこそ必要な、本当の意味でのコストコントロールの技術がないために、コスト削減しかとるべき方策がなかった。その結果、売上げを上げるためにコストを使うのではなく、利益を出すためにコストを削るという後ろ向きの方向に進んでいってしまったのだ。

もうひとつの大きな問題点は「スタンダード」についての理解がないことだ。スタンダードとは、企業としてお客さまに約束したQSCの状態のことだが、とりわけオペレーションのスタンダードをトップと現場で共有できていないケースがほとんどである。その結果、現場の人たちが「自分たちは調理や接客において、どのレベルを期待されているのか」が見えなくなっているのである。

ここでいうスタンダードとは、接客態度や料理の提供時間だけでなく、お客さまへの気づきや声かけのタイミング、従業員同士のチームワークなどすべてを含む。そういう、あるべきオペレーション像を明確に描き、それを目標としてトレーニングを進めていかなければならない。

現場に対して期待されていることが示されていないのに、現場で数字だけを管理することはあまり意味がないばかりか、むしろ逆効果になる。到達すべき目標がないわけだから、現場ができることはただひとつ、結果として出てきた数字をどう変えていくかということしかない。

変えるべき前提である来客数と売上げをそのままにして結果である利益を変えようとするわけだから、店長としての取組みはコスト削減に終始してしまう。それは店の価値をどんどん陳腐化させてしまい、売上高を落とす結果になる。

「顧客満足優先」の思想が出発点

レイバーコストコントロールは、単に人件費をどう使うかという問題にとどまるものではない。必要な技術を持った人を必要数準備し、トレーニングによって人の能力をさらに高め、チームで売上げを上げるための一連の行動を指す。そして、それこそが店長に課せられた任務である。

その任務を果たしていくために、店長は部下との間で「あなたには何が期待されていて、それがお客さまの満足とあなた自身の喜びにどうつながるのか」という考え方を、しっかりと共有しておく必要がある。スタンダード通りのオペレーションを実現することでお客さまの満足を得ることが、自分自身の働く喜びや生活の豊かさにつながるのだということ。これを従業員一人ひとりが働くうえでの共通目標としていく。

言い換えれば、働く一人ひとりの技術が高まることによって客数が増え、人時生産性が上がって時給も増えるということである。こういうよい循環ができれば、レイバーコストコントロールは軌道に乗っていく。

しかしそれは、現場の努力だけで実現できるものではない。現場がコストコントロールをしやすい環境と、コストコントロールを実現するための武器を用意することが不可欠であり、それが本部の重要な任務である。

たとえば、キッチン内の標準人員配置ができるだけ少なくて済むようなメニュー構成にしていくことが挙げられる。そのためにはメニューの品目数を絞り込むとともに、主力商品を調理する能力の高い調理機器を導入したり、工場での食材の加工度を高めていく必要がある。

これによって、働く一人ひとりの作業工程がシンプルになり、熟練度が高まってメニューの品質が安定する。さらに品質と労働生産性も向上していく。ここでも、お客さまの満足度と働く人の喜びが結びついているわけだ。こういう形で企業の体質を改善し、働きやすい職場をつくっていくこともまた、レイバーコストコントロールに取り組むうえで重要なポイントになる。

そういう意味で、レイバーコストコントロールは現場と本部との間で目的意識を共有することが不可欠だ。売上げと利益を上げる前提はまず、お客さまの満足を得るということである。スタンダードを守るために、コストは標準通りに正しく使うことを徹底しなければならない。

「お客さまの満足こそすべてに優先する」という思想に立つこと。これがコストコントロールの本質であり、出発点なのだ。

9　ランニングコストの管理

これまで店長の経費コントロール技術について、原価と人件費という2つの大きな項目を取り上げて解説してきた。この2つは店の売上げと利益を大きく左右する最重要のコストであり、これをどう使うかでお客さまの満足度と利益が決定される。

優先順位としてはまず原価と人件費が重要だが、他にも店長が管理すべきコストがある。それが水道光熱費をはじめとする変動費、いわゆる店舗のランニングコストだ。

ここでも標準使用量が不可欠

水道光熱費とは主に水道、電気、ガスといった公共施設を使用する経費のことで、一般的にはユーティリティコストという。他に、調理に炭火を使っている場合などは燃料の炭代が含まれる。経費全体に占める比率としては10％以下だが、店を運営するうえで常に必要となるコストであり、この管理の仕方によって利益は大きく左右される。

これらの経費を店でどう使ったかは、営業日報で報告されなければならない。それは危機管理という観点からも重要だ。数字をきちんとチェックすることで、漏電や漏水を早期に発見することになる。店の資産保全という店長が負っている責任を果たすためにも、設備を管理することが必要である。

営業日報で報告する水道光熱費は、使用量で報告する。週間管理表や月次損益計算書では金額に置き換える。経費はすべて金額で把握することが不可欠だからだ。

また、水道代や電気代、ガス代といった項目に分けて記入することも重要である。中には「水道光熱費」として一括で記入しているケースが見られるが、これでは管理が甘くなるし、現場の実態を把握できない。

さらに重要なことは、それぞれのコストの売上高対比の「標準使用量」が会社で決まっていることだ。売上げいくらに対して、水道代や電気代、ガス代をどのくらい使うのか、実績から平均使用量を出して、当日の使用量が適正かどうかを数字で明確に判断できることが重要である。

それは経費管理の目安であると同時に、あるべきオペレーションの状態を示す数字にもなる。チャコールやグリドル等の調理作業がマニュアル通りに実施されていれば、ユーティリティコストは標準使用量に収まっているはずである。

それでも数値がバラつく場合は、先に述べた漏電などの問題以外に、調理していない時間にムダにガス火を点けているといったケースも考えられる。店長は部下に対して、ガスの使用方法に敏感になるよう指導しなければならない。店長以下、店の全員がコストに対して関心を持っていくためにも、標準使用量に対して実際使用量はどうであったかを営業日報で把握していく必要があるのである。

ユーティリティコスト以外で、大きな経費項目に洗剤のコストがある。その使用量は売上高に比例する大きな費用になるので正確な管理が必要である。さらにこれは、売上げに対応して標準使用量が決まるものと、そうでないものに分けて管理する必要がある。

前者は、食器洗浄に使用する洗剤である。客数が多ければそれだけ使用量が多くなるが、量が多ければ多いほど、何倍に希釈するといった使用に際しての基準が守られにくくなる。結果として使用量が増大したり、逆に使用量が少なすぎて汚れが落ちず不衛生になるといった問題が起こる。

後者は、店のクレンリネス維持のために使用する洗剤である。これも清掃1回につきどれだけの洗剤を使用するかという標準使用量と、どういう頻度で清掃するかという基準が明確になっていなければならない。また、ユニフォームのクリーニング代などは、アピアランス（身だしなみ）を保つための重要なコストであり、これも明確な基準が必要である。

基準が明確であり、それに対して実態はどうかが月次損益計算書で報告されていれば、AMは店のQSCの状態をある程度正確に把握することができる。それをもとに実地で確認して指導することで、QSCをあるべきレベルに保てるのだ。

また店長にとっても、あるべきQSCの実現という最大の任務を果たすうえで、明確な行動基準を持つことができる。ここでも大事なことは使うべき経費をきちんと使っているかどうかであり、それがコントロールであることを理解しなければならない。

目標こそコントロールの出発点

他に細かい経費についていえば、店で使用する消耗品のコストが挙げられる。これも、テーブルマットや紙ナプキンといった営業用のコストと、伝票類など管理用のコストに分けて把握する必要がある。お客さまに直接関係する消耗品をどう使うかは、QSCと密接にかかわっているからだ。

そしてもうひとつ、店長が管理すべき重要なコストがある。店で営業以外に使用する食材のコストである。それはすなわち、トレーニングに使用する食材費と、試食のための食材費である。これらは原価とは分けて管理すべきものである。

以前にトレーニングの解説で触れたように、実地トレーニングでは実際に食材を使用して調理をすることになる。そのための食材費は原価とは別枠で管理し、適正に使われているかをチェックしなければならない。部下のトレーニングという重要任務を店長がきちんと果たしているかが、この数値に表れる。

また、主力商品については営業開始前に、店長とキッチンリーダーがきちんと試食をするという習慣づけが必要だ。マニュアル通りに調理してみて、食材の保管状態や設備の状態が基準通りか、商品のスタンダードが維持できているかを確認する。そのために食材費を適正に使っていくこともまた、店長の重要な任務である。

店で使用する経費はすべて、ＱＳＣのスタンダードの実現に関係している。お客さまの満足を得て、売上げを上げて利益を獲得していくために使うものだ。しかもそれは、あるべき基準に沿って適正に使ってこそ実現できる。

この「適正に使う」ことこそコントロールの本質であり、それはいかなるコストであれ変わることはない。であれば当然、どういう数字が適正かという基準をすべてのコストについて示しておく必要がある。

多くの外食企業に共通する問題点は、その基準が示されていないことである。利益や生産性の予算を店長に押し付けているだけで、それを実現するプロセスは現場任せだ。そうなると、現場としては経費をカットするしか打つ手がなくなってしまう。

経費について基準を示すことは、スタンダード実現のためのあるべきプロセスと、そこで必要な技術を示すことだ。それがすなわち、店長にとっての目標である。店長のコストコントロール技術確立のためには、まず明確な目標を示すことが出発点になる。

10　エリアマネジャーの任務

すべてのコストは、お客さまの満足度を高めるために使わなければならない。そのためには、どのようなコストの使い方をすればお客さまに満足していただけるのか、その指標があらかじめ示されている必要がある。

あるべき指標に沿って的確にコストを使っていくことこそ、店長が果たすべきコストコントロールである。その方法論が確立されて初めて、数値面での店長の役割が明確になり、店長に対する公正な評価も可能になる。それがすなわち「数値責任制」である。

店長の準備状況をチェックする

数値責任制を確立することは企業の競争力を高めるために不可欠だが、そのためにはコストコントロールの方法論に加えて、もうひとつ重要なことがある。それは、店長の上司であるAMが、あるべき形で機能していることである。

日本の外食チェーンではことあるごとに、AM不要論が出てくる。「店長が本来の役割をきちんと果たしていれば、AMなどいなくてもよいではないか」というのだが、これは間違いであるだけでなく、論理があべこべである。店長が本来の役割を果たすためにこそAMは不可欠な存在なのだ。

これまで述べてきたように、店長のもっとも重要な任務はあるべきQSCを実現してお客さまの満足を得ることである。その前提となるのが適正にコストを使うことであり、これが店長にとって第一の数値責任だ。そして、店長がその責任を果たせるように導いていくのがAMの役割である。

第1章でオペレーションについて解説した際に、店長の仕事は「準備業」であると述べた。店長の準備いかんでオペレーションのレベルはほぼ決まってしまうということだが、これはコストコントロールでも同様だ。それゆえAMは、店長がコストについてどのような準備をしているかを、事前にきちんと把握しておく必要がある。

まず大事なのは、ワークスケジュール表のチェックである。これは店長が人件費をどうコントロールしようとしているかを示すものだが、一番大事なことは客数予測に基づいてホールとキッチンに適正な人員を配置し、売上げの機会損失がないようにすることである。来客数に応じてあるべき人員数を決めた「標準人員配置」がその指標になる。

この点についてAMは事前にチェックし、修正の必要があれば店長にその旨を命じなければならない。そのためにはワークスケジュール表は、勤務シフトが実行される2週間前、遅くとも10日前には店長からAMに提出される必要がある。そういうルールをまず確立することだ。

もうひとつの重要なコストである原価については、食材の発注表とスタンバイ表のチェックが必要である。いずれも客数および売上げ予測の正確さと、それに基づいて的確な食材の準備ができていることが大事だ。

発注量は「発注指数」という指標に基づいて決定する。これは売上高10万円当たり、あるいは客数100人当たりの過去の実際使用量を食材ごとに示したものである。この発注指数に沿って店長が正しく発注しているのかを、毎日の発注表でチェックする。

スタンバイも同様の指標である「スタンバイ指数」に基づいて仕込み量を決めていくが、これは1日分ではなく時間帯ごとに決める必要がある。それゆえAMは、スタンバイ表を見ることによって店長が時間帯ごとに正確な客数予測と、それに合わせた適正なスタンバイができているかをチェックすることになるわけだ。

ワークスケジュールや発注表、スタンバイ表などの帳票と、事前チェックのルールは店長とAMがコミュニケーションを図るために不可欠である。それはいわば「共通の土俵」に立った判断基準を持つことである。そのうえで、会社としての指標すなわち「共通の判断の物差し」を使ってやりとりする。そして、人と食材の準備について店長の不足している点がある場合は指摘し、修正して売り逃しやロスを少なくしていく。これがAMの重要な任務なのだ。

日報こそコミュニケーションの鍵

AM不要論が出てくるのは、会社の中にそうした帳票や判断の物差しを持っていないからだ。それをつくるのを面倒がって店長にすべてを放任するのは会社としての怠慢であり、現場に責任を押し付けていることに他ならない。それでは店長の能力は決して高まらないし、お客さまの満足を得ることもできない。

ＡＭの第一の仕事は店長の準備をチェックすることだが、そのオペレーションの結果も当然、検証しなければならない。その道具は毎日本部に送られる営業日報である。

多くの外食企業の日報は単なる売上げや現金管理の報告書になっている。それでは店長や上司にとってあまり意味がない。営業日報は、それを見ることでオペレーションの状態とお客さまの満足度が把握できなければならない。それで初めてＡＭと店長のコミュニケーションの道具になりうるのだ。

営業日報の報告事項でまず大事なのは、時間帯ごとの客数実績と、実際の人員配置だ。先の標準人員配置に基づいて、キッチンとホールそれぞれで適正な人員が配置されたかをまずチェックする。来客数に対して人員が明らかに少ない場合は、店長の客数予測が間違っていたか、なんらかの事情でその時間帯に欠員が出たことになる。いずれにせよオペレーションに問題が生じ、お客さまの不満をかってしまった可能性がある。

もうひとつのチェックポイントが料理の提供時間である。ここでは提供率という数字を問題にする。あらかじめ決められた標準提供時間以内に提供できた料理が、すべての注文の中でどれだけあったかを示すものだが、これもお客さまの満足度を測る重要な物差しになる。料理提供が遅れた伝票が多く、提供率が低ければ、お客さまをお待たせして不満をかったことになるし、売上げの機会損失も招く。

こうした店の問題点を営業日報によって把握したら、ＡＭはその日のうちに店長とコミュニケーションをとらなければならない。しかもそれは、ＡＭから店長への一方通行ではいけないのだ。昨日起こったこと、今日やるべきこと、明日やろうとしていることを、店の問題点の分析と合わせて店長自身に語らせることが大事である。その分析や対策が間違っていたり、不足な点があればＡＭがアドバイスし、店長が自分の力で問題点を解決できるよう方向づけをしていくのである。

一定の枠にコストを収めることだけがコストコントロールではない。客数と売上げがより高まるようにコストを使っていくことが本来のコストコントロールである。ＡＭの指導も当然「コストを抑えろ」ではなく「よりよい結果が出るように、コストをこう使っていこう」というものでなければならない。

営業日報によるコミュニケーションは、その出発点だ。そのうえで、週間管理表や月次損益計算書の帳票を使って、コストコントロールの精度をより高めていく。

11 店長の指導に使う3つの帳票

コミュニケーションの目的は店長自身が店の問題点を認識し、自主的に改善に動けるよう方向づけをすることだ。そのためにも営業日報は、それを見ることでオペレーションの状態とお客さまの満足度が把握できるものでなければならない。

この営業日報が店の日々の状態をつかむためのものであるのに対して、一定期間における店の売上高と経費の傾向をつかむために必要なのが週間管理表である。店の売上げと時間帯別の客数および客単価、原価と人件費をはじめとした経費、在庫の状態などを1週間単位で記録したものだ。これらの数値を見ることで、店の状態がよくなっているのか悪くなっているのか、悪くなっている場合は原因がどこにあるのかを把握することができる。

とりわけ重点的にチェックすべきは、［1］客数、［2］労働時間、［3］在庫量の3点である。これらが増えつつあるのか減りつつあるのかを見ることで、その店の弱い部分がわかる。

結果の数字だけに頼る指導は意味がない

たとえば、ランチタイムの客数が減る一方で、労働時間は増えつつあったとする。その場合AMは、ランチタイムのスタッフの顔ぶれが変わって、一人ひとりの能力が下がっていると推測できる。であれば、技術力を高めるためにトレーニングを強化し、適性のない人を採用してしまった場合は、新たに募集と採用活動に取り組む必要が出てくる。

発注量と在庫の量は、週間管理表において最重要のチェック項目だ。ここでは、仕入率という数字を問題にする。

・仕入率＝1週間の仕入金額÷1週間の売上高

AMは、この数字が標準原価率と大きく違っていないかをチェックする。店長の客数予測が正確で、店の在庫量を正しく把握し、発注指数に基づいて必要な量の食材を正確に発注できていれば、仕入率は標準原価率とほぼ同じになる。逆に、仕入率が標準原価率とかけ離れていれば、店長の予測技術や発注技術、在庫管理の状態に問題があることになる。

発注指数は売上高10万円当たり、あるいは客数100人当たりの過去の実際使用量を食材ごとに示したものだが、売れ筋の傾向が変わった場合は見直す必要がある。そうした変化も週間管理表をチェックすることでいち早く把握できる。

1ヵ月間の店の収益状況を記録した月次損益計算書は、店長が売上高や経費を管理するうえで直接には関係がない。これはAMが経営トップに代わって負っている店の利益責任を果たすために使うものだ。AMは担当エリアの利益予算を達成するために、各店の月次損益を見ながら店長とコミュニケーションをとり、対策を話し合う。

売上げが上昇基調にあって人も育っている店は、より少数精鋭のオペレーションにして人時売上高を高めていくように方向づけをする。一方で、スタッフの能力が低い店については、一時的に利益を犠牲にしてでも採用とトレーニングに傾注し、オペレーションのレベルを高めるよう指導するわけだ。

多くの外食企業ではAMが店長に指導する際に、月次損益の数字だけを問題にしている。1ヵ月の結果を見て、原価や人件費が予算と比較してどうであったかを問題にしているが、それでは対応が後手後手になってしまう。結果として、売上げ低下が著しくなるとコストを削っていくしか打つ手はなくなるのである。

有効な対策が何ひとつ打てないから、AMは店長に対してリーダーシップが発揮できない。こうしてAM不要論が出てくるのだが、それはAMと店長のコミュニケーションのとり方と、両者の間で使用する帳票の使い方が間違っているためである。

具体的に人を特定して指導する

営業日報と週間管理表、月次損益計算書を使って、常に店の状態を頭に入れておいて初めて、AMの臨店指導も効果を発揮する。AMは、店のどこに問題があるかをあらかじめ数字から推測しておき、それを実際に店で確認して店長に対策を指導するのである。

たとえば、仕入率が標準原価率と大きく違っている店については、ポーションコントロ

[第33週] 2013年8月8日～8月14日(前年2012年8月9日～8月15日)

店名	来客数前年度比(平日平均)			来客数前年度比(土曜平均)			来客数前年度比(日祝平均)		
	ランチ	ディナー	計	ランチ	ディナー	計	ランチ	ディナー	計
A	230 107.1%	218 85.1%	448 96.1%	252 86.0%	272 86.1%	524 86.1%	267 85.0%	296 90.8%	563 87.9%
B	246 110.0%	222 97.9%	468 103.9%	337 101.4%	281 101.4%	618 101.8%	323 91.2%	295 89.1%	618 76.2%
C	266 106.4%	238 106.9%	504 106.7%	315 109.0%	290 109.0%	605 104.8%	333 104.4%	286 97.6%	619 101.0%
D	266 88.2%	236 90.7%	502 89.5%	353 105.4%	315 105.4%	668 98.2%	355 93.2%	384 112.0%	739 102.6%
E	244 104.6%	212 98.8%	450 101.7%	282 101.1%	270 101.1%	552 101.1%	300 113.6%	277 97.9%	577 105.8%
F	190 108.6%	197 105.3%	387 106.9%	235 99.2%	236 99.2%	471 103.8%	219 83.3%	301 99.7%	520 91.5%

店名	来客数予測比	レイバーコスト							フードコスト					
		労働時間標準化			労働時間				仕入れ		ロスウエスト		トレーニング用食材	
		合計	ホール	キッチン	計画	実績	差	前年実績	金額	%	金額	%	金額	%
A	90.2%	108.3%	113.3%	103.3%	1,063.75	1,061.50	△2.25	1,064.50	1,506.765	28.16%	7,553	0.14%	3,070	0.06%
B	95.1%	95.1%	101.2%	89.0%	965.25	965.25	21.50	980.50	1,528.640	28.13%	7,332	0.13%	1,825	0.03%
C	101.9%	97.4%	101.4%	93.3%	1,091.50	1,084.25	△7.25	1,085.00	1,655.418	28.01%	8,350	0.14%	1,825	0.03%
D	95.7%	96.2%	101.6%	90.7%	1,077.50	1,120.25	42.75	1,089.50	1,760.361	27.84%	9,215	0.15%	1,825	0.03%
E	102.7%	94.1%	99.6%	88.6%	973.50	961.25	△12.25	958.75	1,373.112	25.92%	7,858	0.15%	1,825	0.03%
F	96.6%	105.9%	109.6%	102.1%	938.75	933.75	△5.00	926.50	1,279.891	28.61%	11,356	0.25%	3,258	0.07%

*週間管理表の例(一部)。上が来客数を、下がコストを1週間単位でまとめた表。
AMはこれらの数字から担当店の課題を推測する

ールの技術に問題があると推測しておき、厨房スタッフに「いま入れたソースの分量は何gですか？」と質問する。正しく答えられなかったり、答えられても実際の量が違う場合は店長に再トレーニングを命じ、目分量でも正しい数量を使用できるようにしていく。

ＡＭが必ず自分の目で確認しなければならないのは、店で廃棄している食材である。原材料の状態か、仕込んだ後か、調理した後かによって、廃棄に至った原因が違うからだ。

原材料が賞味期限切れになって廃棄している場合は、店長の発注ミスや先入れ先出しが徹底されていないことが原因となる。仕込み後の食材が多く廃棄されていれば、来客数予測の間違いやスタンバイの数量ミスが考えられる。調理後の廃棄は、調理ミスがあったりオーダーを間違って通したことなどが主たる原因だ。これらのことを店で確認し、店長に改善を指示する。

店長に対するAMの指導は、すべて具体的かつ実践的なものでなければならない。来客数が低下している場合は「ホールのAさんが入口に常に注意を向けておらず、お客さまの案内が遅れている」とか「キッチンでサラダを担当するBさんの盛りつけ作業が遅い」というように、その原因を具体的に、かつ人を特定して指摘することだ。こういう指摘があれば、店長は自らトレーニング計画を立てて改善に向けて動きだすことができる。店長のマネジメントや訓練の能力が高まり、結果として店の数字も改善していく。

AMは店長に対してリーダーシップを発揮できない限り、トップに代わって負っている利益責任を果たすことができない。そのためには帳票をきちんと揃え、その数字を使いながら店長と正確に数字を変えるコミュニケーションをとることだ。

12 店長が負うべき数値責任

原価と人件費、その他の経費をコントロールするための仕組みと技術が確立されて初めて、店長に「数値責任」を課すことができる。ところが多くの外食企業は、この対象数値を純利益と捉えている。ここに外食業が抱える大きな問題がある。

利益を大事とする考え方は、決して間違いではない。利益をあげていくことは企業存続のための絶対条件であり、外食業にとって利益を生み出す場は店だけだ。あるべき利益をきちんと確保していくことは、店長に課せられた重要な任務である。

利益を生むプロセスこそが大事

しかし店長にとってより重要なのは、利益を生み出すプロセスである。利益がどのようにして生まれるのかといえば、まず大前提となるのは、おいしい料理とよいサービスを提供してお客さまの満足を得ることだ。その結果、客数が増えて売上げがあがる。そして、原価と人件費、その他の経費を適正にコントロールすることで利益が生まれるのである。

ということは、もっとも重要な店長の数値責任は「客数を増やすこと」である。これは経営の目的である「顧客の創造」に直結する。ビジネスの目的は顧客の創造であり、それを継続するために利益が必要、というのが現代において確立されたマネジメントの原則だ。

客数増を問題にしないということは、お客さまの満足を無視していることと同じである。そして、利益を生み出すプロセスを大事にしないで、一足飛びに利益だけを店長に対する評価の物差しにしてしまう。これが、多くの外食企業が陥る混乱の源である。

日本の外食業ではこれまで、商品や立地といった本部の政策だけで利益が決まるという間違った考え方が横行してきた。経済が右肩上がりで市場が拡大し「出せば売れる」という状況の頃はそれでもよかったわけだが、いまはそうではない。スタンダードを実現するためのオペレーション、すなわち店の力を高めていくことが、利益確保のための絶対必要条件になっているのである。

スタンダードを実現するために欠かせないのが、原価と人件費、その他の経費を適正に使うことだ。これらの経費は「お客さまの満足を得るためにはこのように使う」という指標がある。それが、これまで述べてきた標準原価率、標準労働時間、標準変動経費率などである。それゆえ、店長の数値責任の2番めは、これらの標準通りに原価と人件費、変動経費などを使うことになる。

原価と人件費、その他の変動経費は店長の管理可能経費という。これらの経費を正しく使うことで初めて、お客さまの満足を得て利益をあげることができる。

ここでいう利益は、売上げから管理可能経費を差し引いたものである。賃料や減価償却費といった本部での意志決定によって決まる経費を差し引く前の数字で、これを店舗貢献利益という。管理可能経費を標準通りに使うことで、売上げは高くなり利益も高めていくことができる。すなわち、店舗貢献利益率が店長の3番めの数値責任になる。

第一に客数増、次に管理可能経費率、そして最後に店舗貢献利益率。この優先順位に沿って店長に数値責任を課していくことは、利益を生み出すプロセスを大事にしていることに他ならない。そうであって初めて経営の目的である顧客の創造が可能になるのだ。

チェーンストア経営では「店はプロフィット（利益）センターである」といわれる。しかし、店を単に利益を生むだけの場と考えるのか、お客さまの満足を得ながら利益を生む場と考えるのかによって、結果は大きく違ってくる。これからの企業は当然、後者の考え方に立たなければならない。

単に利益が出ればよいと考え、それだけを数値目標として店長に課せば、必ず経費を削減して顧客満足度の低いオペレーションに向かう。成果主義の名のもとに、利益の何％かを店長に支払うといった制度を導入すれば、ますますそれが助長されていく。あるべき形で原価と人件費、その他の経費が使われなくなり、店のＱＳＣはスタンダードからかけ離れてしまう。当然、お客さまの満足は得られず、顧客の創造という経営目的からも外れる結果になってしまうのである。

評価はオープンでなければならない

外食の市場が縮小に向かいはじめてからは「売れなくても儲かる仕組みが必要」という論調が盛んになってきた。しかしこれはお客さまの満足を前提にしていないという点で根本的に間違っている。お客さまの満足を得て、経費を正しく使いながら儲かる仕組みをつくることこそが客数を増やしていく。

かといって、現場の努力だけで利益が決まるわけではない。逆に、店のオペレーション力が高まれば高まるほど、本部の政策が重要になっていく。店長が標準通りに経費を使っているのに売上げと利益が上がらないとなれば、それは本部の仕事の進め方のどこかが間違っていることになるからである。

売れて利益が上がる商品を開発するためのマーチャンダイジング、効率的なオペレーションの仕組みづくり、新しい機器開発による労働生産性向上などが本部には求められる。また、店舗投資や賃料を引き下げて、店舗貢献利益率を上げていくことも大事である。それらを実現し、店長の意欲を高めることが本部の重要な役割である。

先述した3つの数値責任は、その達成度によって店長を評価し、店長やリーダーの収入に反映させていく必要がある。この点で成果主義は必要であり、賞与の額が成果によって決まる部分を採り入れるのがよいだろう。しかし、その配分はあまり多くするべきではない。また、月額給与に成果配分を採り入れることも避けるべきである。

店長の給与は、基本的に職務給重視であるべきだ。店長という与えられた職位に対して給与が決まっているという形である。その職位に就くにふさわしい能力が備わっていることが店長に任命する前提になっていなければならない。逆に言えば、職務給が成立するためには、企業の中にしっかりとした店長教育の仕組みが不可欠ということになる。

店長評価においてより重要なことは、各店の客数や売上げ、管理可能経費といった店長のマネジメントの状態を示す数字がオープンになっていることである。先に例に挙げた週間管理表は、店長全員が見られるようになっていなければならない。

　誰がどのような成果をあげているか、その結果どう評価されているかを全員がわかるようになっていることだ。評価が経営者や幹部による恣意的なものではなく公正であることが大事なのだ。そうであって初めて店長の中に競争意識が生まれ、マネジメントへの意欲も高まる。売上げと利益が上がり、その結果自らの生活も豊かになっていくという、よい循環をつくることができるのである。

「店長はトップの代行者」といわれる。しかしそれは、トップに代わって利益責任を負っているということだけではない。店長が負っている責任は、トップに代わってお客さまの満足を得ることである。そのために経費を正しく使い、客数を高めていくことこそ店長の数値責任であるという企業文化を、しっかりと確立しなければならない。

第4章　部下の育成

1　部下が育つ現場の条件

　これまで述べてきたように、店長業の本質は「準備業」である。よいオペレーションを通じてお客さまの満足を得るために、人とモノを十分に準備しておくことが店長の最重要任務だ。人の準備とは具体的にはワークスケジュールづくりであり、モノの準備は食材の発注とスタンバイである。

　しかし店長には準備に加えてもうひとつ、重要な任務がある。それがこの章で扱う部下の育成である。ここでいう部下には、オペレーションを担当するパート・アルバイト（PA）と、これから店長をめざす現場の社員が含まれる。

店長はモデル作業者であること

店長が部下を育成するために必要な条件として次の3つがある。

ひとつは、現場に初めて入る人に対してオペレーション技術をしっかり教えられることだ。これは作業方法だけでなく、なぜそうするのかというわが社の考え方を含めて教える必要がある。そのことが、将来店長としてマネジメントを担うことになる社員を育成するためにも不可欠になる。

次に、経営理念をしっかりと教えることだ。経営理念とは、企業として何をもって社会に貢献するのかを示したものであり、それを具体的な形にしたものが商品とサービスである。さらに、商品とサービスには企業としてのあるべき基準、すなわちスタンダードが設定されている。これらを含めて現場は何をもっとも大切にすべきかを教えるのである。

そして最後に、店長自身がスタンダードを表現するための作業方法を身につけていることである。その作業方法はマニュアルとして表現されているが、店長はこのマニュアルを完全に理解していなければならない。

つまり、店長は調理と接客をはじめとしてあるべきQSC（quality, service, cleanliness）を実現するための作業方法と、背景にある考え方を含めてすべて身につけている必要がある。このことを「店長はモデル作業者である」と表現する。

店長がモデル作業者であることは、部下育成のための必要条件である。その技術力が、店長に代わって部下のトレーニングを担当するトレーナーを育てることにつながるからだ。トレーナーはトレーニーにとって仕事の進め方の目標であり、また働くうえで安心感を持たせてくれる存在である。

これまで述べてきたように、現場の実地トレーニング、すなわちOJT（on the job training）は、店長の最重要技術だが、店長が直接すべてのスタッフのOJTを担当できるわけではない。週休2日制で1日8時間労働を前提とすれば、店長が店にいない時間のほうが多いわけだが、その時でもきちんとスタンダードを保てるように新人のOJTを実施する必要がある。それにはトレーナーの存在が不可欠なのである。OJTを徹底するには、店内にはホールとキッチンそれぞれにトレーナーが必要になる。

トレーナーがいることは、店のスタッフの定着率を高めることにもつながる。店に入ったばかりで作業ができない人は常に不安を感じているが、自分をカバーしてくれる人がいれば安心して働くことができる。カバーしてくれる人こそトレーナーであり、その存在が働くうえでの不安を解消し、同時に仕事への意欲を高めることになるのだ。

店長がモデル作業者であって初めて、企業の考え方が商品とサービスを通して現場に浸透する。とくにサービスの面で顕著である。なぜなら、サーバーの仕事はマニュアルではすべてを表現できないからだ。

調理作業は温度と調理時間によって示される科学的な領域だから、マニュアルをしっかりと身につけることがスタンダードを実現できる前提となる。しかしサービスはそうではない。サービスは五感に依存する部分が多く、文章でそれを表現することがきわめて困難だからである。

たとえばお客さまをお迎えするため入口に向かう際のスピード、注文をとる際の表情や声の大きさなどはマニュアルで表現できない。耳が遠い高齢のお客さまが来店された際には普段よりも顔を近づけて話す、といったこともモデル作業として実践し、それを見せることで初めてトレーニーは理解できる。

サービスにおけるスタンダードとは単なる作業方法ではなく、お客さまをもてなす表情や声のトーン、姿勢などを指している。その姿勢が店の中で統一されていれば、お客さまの満足度は高まり、客数が増え、売上げがどんどん上がっていく。それは店長の仕事ぶりがモデルになって初めて実現できるのだ。

「よい習慣」を確立することが大事

店長は、どうすればお客さまの満足を得ることができるかを、自分の中できちんと整理できていなければならない。言い換えればお客さまの立場に立ってあるべきQSCのスタンダードを理解し、それを実現する作業方法を身につけていることである。これこそが店長の第一条件であり、部下の育成においても不可欠な店長の資質と能力なのだ。

このことは、店長の育成プログラムにおいても明確になっていなければならない。ところが日本の外食企業の多くは店長教育が管理業務、とりわけ数値管理に偏っている。そうではなく、お客さま中心に考えることのできる人材をどうつくるかが重要である。

そして、そのために具体的にどう行動すべきかを部下に示し、それによって部下を導いていくことが店長の役割である。自らやってみせ、それを部下にも要求する。部下の仕事ぶりをどう見たかを伝え、評価とともに次の新しい課題を与える。そういうコミュニケーションができて初めて、店長はリーダーシップをとることができる。

店長のリーダーシップの確立もまた、部下育成のための絶対条件である。それには店長自身の普段の仕事ぶりが重要だ。

たとえば出勤時間。店長はランチタイムのピークの遅くとも1時間前には店に入っていなければならない。

そうでなければ、人や食材、設備の準備状況がチェックできないからだ。それらの準備がきちんとなされていなければ、営業時間中のすべての作業がスムーズに進められなくなってしまう。オペレーションは混乱し、お客さまの満足を得ることもできなくなる。それでは決して店長がリーダーシップをとることはできない。

こういったことを含めて会社は、店長の毎日の出勤時刻や事前チェックの方法、ピーク時の行動など「よい習慣」を確立し、企業文化として浸透させていく必要がある。統一された方法論があり、各店の店長がそれを実践することで同じようによい結果が出る。これがチェーンにおける店長の存在感である。

店長のオペレーション技術やマネジメントの方法とともに、多くの店長が同じ行動をとる習慣が身につくと、次の店長候補である社員がどんどん育っていく。PAのトレーニングは100%店長の責任において取り組むべきものだが、社員の育成には本部の教育プログラムと現場のトレーニングがきちんと連携していなければならない。とりわけ、現場におけるジョブローテーションと、そこでどのような技術を身につけていくかという方法論が確立されている必要がある。

2　社員の初期教育のポイント

社員の育成にあたっては、本部とオペレーションラインの間で人材育成についての考え方と進め方を統一しておく必要がある。育成のためのプログラムをつくるのは本部の役割だが、OJTを通じてそれを実践し、社員を育てていくのは店長の仕事だからだ。

社員は現場で、調理や接客のオペレーション技術と、店長になった時に必要なマネジメント技術を、実際の業務を通じて身につけていく。それらをどのくらいの期間で習得するのかという具体的な計画を示したものが人材育成プログラムである。そのプログラムに沿って店長が次代の店長を育てていくのである。

PAとの違いをはっきりと伝える

だからこそ、店では新たに入った社員をきちんと教育できるだけの体制を整えておく必要がある。人手不足などで店長が教育に手が回らず、計画通りの知識や経験を与えられないことが一番困る。配属された店によって教育環境が違っていたのでは、社員は均等に育っていかない。また、後に述べる集合教育も効果があがらなくなる。

チェーンレストランにおける人材育成プログラムで、店長になるための最短期間が3年であれば、入社後の2年間は現場オペレーションの技術習得にあてるのが普通だ。この2年間に、オペレーションラインのすべての作業を完全にできる必要がある。この点についてはPAの育成プログラムとまったく同じである。

PAの最高レベルと同じところまで2年間で到達しないと、店長になるための次のステップに進むことができない。このことを最初に理解してもらう必要があるのだが、一方で社員とPAとの違いもまた、しっかりと伝えておかなければならない。

そのために重要なのが集合教育だ。OJTによるオペレーション教育と並行して、本部主催で定期的に社員を集めて集合教育をする。そこでは、OJTの進捗状況の確認と合わせて「なぜオペレーション技術の習得が必要なのか」を伝えることが大事である。

社員はPAと違って、作業を身につけるだけでなく人を教え導いていく立場にあること、さらに部下を統率し全体をコントロールしていくために、自分自身がモデル作業者になる必要があること、いま現場で受けている教育の意味と、それがこれから受ける次の段階の教育にどう結びついてくるのかを、しっかりと教える必要がある。

現場に配属された新入社員は、例外なく不安を抱えているものである。自分がやっている仕事はPAと何ら変わるところがない。時にはPAに作業を教わることもある。このまま仕事を続けていて自分は将来どうなるんだろうか、という不安である。その不安を払拭し、現場でのモチベーションを高めていくために、集合教育は不可欠な場である。

また、OJTを実施するのは店長の役割だが、決して店長任せにしてはいけない。その進捗状況は担当のエリアマネジャー（AM）が常に確認しておく必要がある。

店長の人材育成についての意識が低かったり、現場が人手不足だったりすると、店長は新入社員を自分の都合のよいように作業させることになる。人手不足を補う道具のように扱われては、社員の仕事に対するモチベーションは上がらない。

だからこそAMは臨店指導の際、社員がわが社の教育計画に沿って育っているか、店長がそのための取組みをしているかを確認する必要があるのである。OJTの責任を負っているのは店長だが、それを正しく実施するように導いていくのはAMの役割だ。

しっかりとした教育プログラムをつくったうえで、店長とAM、本部がきちんと連携した取組みがあってこそ社員は育つ。とりわけ入社後の最初の店長による教育が重要である。ここで仕事に対する意欲を高められるかどうかが、その後の社員の成長を左右すると言っても過言ではない。

仕上げは店長から仕事を奪う期間

最初の2年間ではオペレーション技術を完全に習得することに加えて、ホールのリーダーやキッチンのリーダーが務まるだけのリーダーシップを身につける必要がある。さらに、次のステップに進むにあたっての準備もしておかなければならない。数値管理のところでも述べた、食材の搬入作業、その際の検品作業、棚卸し作業といったマネジメント業務についての教育は、この2年間の間に少しずつ施しておく必要がある。

その後の1年間は、店長になるための準備期間にあてる。具体的には、店長代行やキッチンリーダーが務まるだけのマネジメント技術を習得することだ。その技術は大きく分けて3つある。

ひとつは「準備」についての技術。具体的にはワークスケジュールの作成、食材の発注作業とスタンバイ作業だ。すなわち客数や売上げ予測に基いて的確に人とモノを準備するための技術である。これを店長の指導のもとで習得する。

次にはオペレーションのリーダーとしての技術。モデル作業者になり、現場の業務を通じてリーダーシップを発揮できるだけのオペレーション技術の習得が大切だ。そして最後に、日報や月次損益にかかわる数値管理についての技術を身につける。

もっとも重要なのが準備についての技術であることは言うまでもない。実際に店長のマネジメントを代わってやってみて、その結果をもとに店長としての仕事の進め方を繰り返し指導していくわけだが、ここでもAMの指導が重要である。

店長が社員に対してどのようなマネジメント教育をしているかは、ワークスケジュール表に記載しなければならない。AMはそれを確認し、特定の社員が食材の発注作業やスタンバイ作業を担当していれば、その時間帯に臨店して社員の仕事を観察する。

発注作業の前提となる棚卸しがきちんとされているか、食材の配置は標準通りに実行されているかを店で確認する。できていない場合は店長の教え方が間違っているか、店長自身が正しいやり方を身につけていないかだから、そのことを店長に伝えて部下をきちんと教育するよう指導していく。

店長研修期間の仕上げの1年間は、社員は店長の仕事をできるだけ奪う期間としなければならない。それは、店長自身にとっても非常にプラスなのである。

店長のマネジメント業務を代行してくれる人材が育つことで、店長はそれ以外にできることが増えていく。部下のトレーニングや部下とのコミュニケーション、オペレーションに参加した際の、部下へのフォローがどんどんできるようになり、結果としてオペレーションの状態はよくなっていく。

店長がそのように、部下の教育に対して前向きに取り組むよう仕向けていくことはＡＭの重要な役割である。部下の教育は店長にとって決して負荷ではなく、むしろ店長自身を楽にしていくために必要であることを、しっかりと伝えていくことだ。

3 あるべきコミュニケーション

教育の成果を上げるためにもっとも重要なのは、コミュニケーションである。教育のポイントはコミュニケーションだ、といっても過言ではない。

コミュニケーションで大切なことは、店長が教えたことを部下がどれだけ理解し、身につけているかを確認することである。だからまず店長は部下に対して、やってほしいことをきちんと伝えていなければならない。そのうえで、やった結果がどうなったか、それを店長はどう評価しているかについても話すのである。

そこで一番重要なことは、部下のよい部分、進歩している部分を認めて、ほめてあげることだ。そのうえで、部下にまだ不足している技術や考え方を指摘するのである。

たとえば、部下がよい笑顔で接客できていた時は「今日の笑顔はよかった！　お客さまも楽しく食事されていたよ」と評価する。そして、その後に「惜しかったのはランチタイムのピークに、隣のテーブルを担当していたAさんのフォローが足りなかったこと。お客さまが4人連れだったので、Aさんは料理を同時同卓で提供するのにすごく苦労していたでしょう。これをフォローしてあげるとよかったね」というふうに、指摘と合わせて課題とその答えを示してあげるのである。

常に仕事の話題が中心であること

コミュニケーションというと、仕事の後でお酒を飲みに行ったり、個人的な相談事にのってあげることと思いがちだが、そうではない。もちろん、それが必要な場合もあるが、そういう場での話題は一時的なもので終わってしまう。

店長と部下とのコミュニケーションは、あくまで仕事の話題が中心になっていなければならない。そうであってこそ話題は継続して、対話を通じて店長と部下との人間関係ができあがっていくのである。

マネジャーと部下との役割を明確にしたコミュニケーションをとっていくことは、部下に組織上の関係をきちんと理解してもらうためにも大切である。

前項で述べたように、オペレーション作業を習得する段階では、社員はPAとまったく同じである。PAと共通の資格認定制度に基づいて、店舗でのすべての作業を正確に身につけていくのである。

しかし、PAが新しい資格を取得するごとに時給が上がっていくのに対して、社員はそれによって給与が上がることはない。なぜなら、社員にとってオペレーション作業の習得は「義務」だからだ。

すべての作業を身につけ、次のステップとして店長になるための準備段階に入れば、アシスタントマネジャーといった職位に就くことになる。その段階で初めて職務給が適用され、給与が変わることもありうる。しかし作業習得の段階では、資格取得が給与制度上の評価とはならないのだ。

だからこそ、この段階でのコミュニケーションが重要になってくる。前項で述べたように、いま受けている教育の意味をしっかり理解させる必要がある。そうでなければ、社員は何のためにオペレーション技術の習得を課せられているのかがわからず、作業力修得に対するモチベーションが上がらない。新しい資格を得ても給与が変わらないとなれば、それはなおさらだ。

オペレーション技術を習得できて初めて、店長になるためのマネジメントを学ぶスタートラインに立つということ。自分が店長になり、部下を導いていく立場になった時のために現場の作業方法と、その背景にある考え方を含めて身につける必要があること。これらを常に部下に伝えていくことが大事なのである。

店長が部下の教育において重視すべきポイントは、以下の3つである。

［1］…経営理念とスタンダードを常に意識して指導すること
［2］…マニュアルを共有し、その通りに作業ができるように部下を指導すること
［3］…部下を公正かつ公平に評価すること

［3］はすなわち、判断基準が明確であることに他ならない。そして、それは［1］と［2］を徹底することによって実現できるのである。

店長による教育が組織を活性化する

もうひとつ、教育において不可欠なのがジョブローテーションである。ひとつの店の中で、ホールやキッチンを含めてあらゆるセクションを経験させて作業力を上げることが必要だ。しかもそれは、各セクションの作業を単に「やったことがある」ではなく「正確にできる」という状態にしなければならない。

そのためにも店長は、オペレーションの主役であるPAの定着率を高めるとともに、的確にトレーニングを実施して、各セクションに資格を持った人を必要なだけ揃えておく必要がある。人手が足りず、常に応対作業に追われている状態では、部下の教育どころでは

なくなってしまう。

ジョブローテーションについてはもうひとつ、店舗間での配置転換がある。1店だけでなく、複数の店での勤務を経験させることだ。そのことによって、新鮮な気持ちで仕事に取り組むことができるし、新しい人との出会いが能力の向上にもつながる。

ただ、ここで注意すべきことがある。それは、必ずひとつのエリア内での配転にとどめることである。言い換えれば、同じAMのもとで継続して教育を受けるようにすること。これが大事である。

少なくとも、アシスタントマネジャーになるまでの間は同じAMがついて、教育の進捗状況を確認していく必要がある。そうでなければ、オペレーション技術を正確に身につけることができない。店長として将来、モデル作業者になれるかどうかは、初期段階でのオペレーション訓練をどのように受けたかにかかっている。

そういうAMのバックアップのもとに、店長が部下をしっかりと教育できていれば、組織は間違いなく活性化し、やりがいのある職場になっていく。店長はそういう会社づくりの要であることを、店長自身が認識しなければならない。また会社も、店長をそのように意識づける必要がある。

店長のもっとも重要な任務は、お客さまの満足を得て売上げを上げていくことだ。そのための条件は、スタンダード通りのQSCを実現していくことだが、それは店で働く人たちすべてが安心して働ける状態になっていて初めて達成できる。

安心できるとはすなわち、働きやすいように人の数と質が整い、前向きに仕事に取り組めて、自らの貢献度を実感でき、それを正しく評価してもらえる状態になっていることだ。そのための店の組織づくりこそが、店長の役割なのである。

部下がきちんと育っていけば、店ではQSCのスタンダードが維持され、その結果として売上げと利益は上がっていくものだ。それゆえAMの店長に対する評価も、この点を問題にしなければならない。AMが店長を集めて実施する店長会議でも、話題の中心にすべきは数字ではなく、各店の店長が教育にどう取り組んでいるか、数字を変えるために何に取り組んだかということである。

4　店長会議こそ育成の拠点

部下が育つことによって店長自身に余裕が生まれ、顧客満足向上のためさまざまなことに取り組めるようになる。そうなれば、客数が増えて売上高と利益が高まっていく。

それゆえ店長は常に、部下の成長に関心を向けていなければならない。しかし一方で企業は、店長が部下育成に意欲的に取り組める環境をつくっていく必要がある。
そのために不可欠なのが店長会議である。

トップと店長が一体になる場

店長会議の目的は、「企業のトップと店長が共通の土俵に立つ」ことにある。トップの方針と、オペレーションを通じてどのように社会に貢献したいかを、店長一人ひとりが理解して行動を起こすための場が店長会議である。

経営理念を実践し、お客さまに満足していただくためにどう行動すべきかを、店長は常に考えていなければならない。そのためにトップが自分の思いや店長に期待することを伝える必要がある。その場として店長会議は有効である。

オペレーションの目的は、お客さまの満足を得て客数と売上げを高めることである。そのためには、店長が部下に対して経営理念を正しく伝え、オペレーション技術をしっかりと身につけさせる必要がある。だから当然、店長会議における話題はトレーニングと動機づけのためのコミュニケーションの方法が中心でなければならない。

いかに店長と部下が一体となって、経営理念とスタンダードを実現するか。そのために店長はどう行動すべきかということを、トップと店長は毎月顔を合わせて、繰り返し話題にするのである。

ところが実際には、外食企業の多くはそうなっていない。店長会議が各店の予算未達を叱責する場であったり、単に業務連絡や現場からの苦情処理のための集まりになっている。店長にとっては得るものが少ないだけでなく、無駄な時間を過ごす場になってしまっているのである。

予算の達成度を俎上に乗せる例が多いのだが、それは決して店長会議で取り上げるべきテーマではない。なぜなら、店長にとって共通の話題にならないからである。

店長に課せられている数値責任は、［1］売上高を高めること、［2］経費を正しく使うこと、［3］労働生産性の向上、の3つだが、それを果たすために必要な取組みの中身は店によって違う。店長は上司であるAMとともに、店の状態を観察・分析し対策をたてなければならない。

数値責任を果たせない要因は、店長のリーダーシップが不足していたり、部下の作業レベルやチームワークに問題があるなどさまざまだ。しかしいずれにしても、改善のポイントは「誰の行動をどう変えるか」にある。つまり店長とAMが各店ごとに取り組むべきテーマであり、それを店長会議で取り上げてもあまり意味がない。有効な対策がとれないばかりか、ともすれば店長個人の吊し上げの場になってしまう。

店長会議は、トップと店長の心が一体になる場だ。店長会議を営業部長やAM任せにして自分は出席しないトップがいるが、それではいけない。トップは自らの肉声で経営理念を繰り返し話すとともに、業界の動向を分析し、わが社の問題点、課題はどこにあるかを伝えていかなければならない。

トップの話が説得力を持つためには、トップを支える幹部、具体的には営業部長やコントローラーが店の数字と状態をきちんと分析し、正しい情報をトップに上げていくことが不可欠だ。そうでなければ、トップ自身の関心事に話題が片寄ったり、トップが間違った発言をすることになる恐れもある。

たとえば、トップがある店を訪問した際に料理の提供が遅かった場合。それを店長会議で指摘することはもちろんよいのだが、大事なことはそうなった要因をトップが把握できるように、幹部がトップに情報提供することだ。「ルールでは客数100人に対してキッチンの従業員は4人であるところ、人数は揃っていたもののトレーニング不足の従業員が1人いたため料理提供が遅れた」、といったことを営業部長やAMがトップに伝えていなければならない。

つまり、決められたルールに対して現状はどうか、守れていない場合はどこに問題があるのか、どうすれば克服できるのかを常に話題にしていくのである。そうすれば、店長会議はオペレーションについての話題で沸騰していく。話題の中心は、現場で店長をはじめパートタイマーまでどう育てるかということである。

ノウハウを高め、共有する場

会社全体で立てた数値目標を店長会議で取り上げる場合でも、具体的に話題にするのは部下の育成である。なぜなら先述したように、現場で数字を変えるには人の意識と行動を変えるしかないからだ。数値目標を達成するために、誰の行動をどう変え、その結果はどうであったかを店長に発表してもらい、その成果を他の店長も共有する。これこそ、店長会議の大きな成果である。

たとえば、ランチの客数を前年同月比で10％増やすという目標があったとする。ある店長は、ホールは案内のタイミングを速くする一方、キッチンはリーダーが各セクションに声がけする習慣を徹底し、とくにオーダー後に食材を取り出すスピードを上げることで目標を達成できた、と発表したとする。そういう成果は、他の店長が部下のトレーニングの課題を考えるうえで参考になる。

さらにある店長は、店長会議で聞いた取組みを実践したものの思うように成果があがらない。そこでバッシングに入るタイミングを速くし、さらに中間バッシングを徹底したところ目標を達成できた、と発表した。外食チェーンの店長は、一人ひとりを細かい改善に取り組ませなければならない。そういう集団をつくっていくためにも、店長会議での他店の情報は大切なのである。

店長会議で得た情報をもとに、店長は目標達成のために何をすべきかを部下とともに話し合う。それを実現するために部下に具体的な目標を与え、その達成度を評価し、さらに新しい課題を与えていく。これを繰り返していくことで、1店1店が素晴らしいチームになる。問題を明らかにして、チームで対策を考え実行に移して成功事例を積み上げることで、次代の店長が育っていくのである。

こういう取組みをトップは、店長会議の場で店長自身に語らせ、店長がとった積極的な行動を高く評価しなければならない。QSCのスタンダードを実現し、お客さまの満足度を高めることによって客数と売上げが確実に上がることを実例として示していくのである。それは店長一人ひとりに仕事の楽しさを再認識させることにもつながる。

店長会議にはトップに加えて、教育担当スタッフも必ず出席しなければならない。人材育成の進捗度を把握するとともに、成功事例など人材育成についての具体的な取組みを社内報で紹介する必要があるからだ。また、店長会議で示された目標によってはオペレーションやマニュアルの変更がともなうケースもあり、その場合は教育計画の見直しも必要になってくる。

外食業にとって店長会議は、企業のノウハウを高め、全社で成功事例を共有するための場だ。そのノウハウとはすなわち、人材育成のノウハウに他ならないのである。

5　3つのコース別の育成計画

これまで、店長にとって最重要任務である「部下の育成」について述べてきた。オペレーション技術を、その背景にある経営理念を含めて教えていくのがトレーニングの基本であり、店長は教える技術をしっかりと身につけている必要がある。

しかし、店長が担っている役割はオペレーション技術を教えることだけではない。自分の後に続く店長を育てること、次の店長が務まるように部下を育成していくことこそ、店長の最重要任務である。

育成の責任は店長にあるが、決して店長にすべて放任するということではない。新入社員が現場に配属された後は、本部が作成した教育プログラムに沿って計画的に育成していくことになる。その間、AMは育成の進捗状況を細かくチェックしなければならない。また店長会議を通じて店長に、部下育成のための有益な情報とノウハウを提供し続ける必要がある。

部下の育成において不可欠なのは、会社全体が人を育てよう、次の店長をどんどん輩出しようという空気でいっぱいにすることだ。そういう活気溢れる企業風土をつくりだすことこそ、企業成長の原動力となる。

パートタイマーにも店長への道を

市場が拡大している時代は、商品と価格、立地戦略といった「政策」を的確に打ち出すことによって成長を続けることができた。しかし市場が縮小に転じたいまは、現場の力を高めていかない限りお客さまの支持を得ることはできない。その現場力の核になるのが店長である。店長を育成し続けられない企業は生き残ることができなくなってきた。

企業存続と成長のためには、店長の育成計画をしっかりとつくりあげることが不可欠だが、とくに以下の3つのコースに分けてプログラムを作成する必要がある。

ひとつは、新卒で企業に入社してきた社員を育成プログラムに沿って店長に育てていくコースである。すでに解説したように、期限を区切って計画的に技術を身につけ、アシスタントマネジャーなどを経て店長の資格試験に合格すれば店長に就任することになる。

次に、他社で店長あるいはそれに準ずる職位にあった人が店長候補として転職してくるケース。店長として必要な技術はもちろん、企業の経営理念とスタンダードなどをしっかりと、しかも短期間に身につけられるかがポイントになる。

そしてもうひとつ、企業成長を実現していくうえで重要なのが、PAから店長になれる道筋をきちんとつくっておくことである。これからの外食企業は、PAに対してオペレーション技術だけでなく、店長のマネジメント業務をきちんと身につけさせる会社であるかどうかが生き残りの鍵と言っても過言ではない。

店長のマネジメント業務とは、部下のトレーニング、食材の発注やスタンバイ、ワークスケジュールといった「準備」に関する業務のことだ。これらをPAに教え、店長業務を代行してくれるスタッフを育成することが大事である。そのことが店長の仕事のマネジメント負担の軽減になる。そのぶんを顧客満足を高めるための教育訓練や部下の作業のフォローに振り向けることで、店のオペレーション力は高まる。

PAの中で熟練度の高い人に、店長のマネジメント業務を計画的に身につけさせていくことが、現場のオペレーション力と収益力を高めるために重要だ。そしてその先に、PAから社員になり、さらには店長になるコースが示されていれば、PAにとって働くうえでの大きなモチベーションが生まれてくる。

新卒入社、中途入社、PAから正社員に、という3つのコースがあり、それぞれどういう育成計画があるのか、その結果として収入はどうなるのか、といったプログラムの仕分けができている必要がある。また、どのコースであろうと不可欠なのは、オペレーションの基本である調理や接客作業の中身と、それを習得できた結果どう評価されるのかが明らかになっていることだ。現場で身につけなければならない作業は、どのコースにおいても同じだ。違うのは作業習得に要する期間であり、中途採用の場合は短期間で習得できなければならないが、PAの場合はこのプログラムをどう綿密につくるかが重要である。

リーダーシップと権威が不可欠

新しい技術を習得し、作業レベルが高くなれば当然、PAの時給は上がっていかなければならない。そうでなくても、このところ外食業界では人手不足感が強まった結果、PAの時給は技術や貢献度に関係なく上昇する傾向にある。しかし、給与が上がったぶんに見合うだけの生産性の向上がなければ、企業は収益を確保できない。逆に言えば、生産性向上に貢献できる存在になるようにPAを育てていく必要があるわけである。

だからこそ、PAの能力評価が重要になっていく。すでに述べたように、オペレーションの目的はお客さまの満足を得て、客数と売上げを高めていくことだ。つまり、お客さまの満足度向上にどれだけ貢献できたかが、評価の最大の物差しになる。

オペレーションにおいて個人の技術評価で重要なことは、作業の正確さとスピード、そしてチームワークである。しかし、店長のマネジメント業務を代行し生産性向上に貢献できる存在になるには、それに加えてリーダーとしての能力を身につける必要がある。リーダーとは、自身がオペレーションに参加してサービスや調理を担当しながら、キッチンとホールをコントロールできる人のことである。

リーダーは、部下のオペレーションの状態を常に見ながら、作業の問題点や不足している技術をチェックする。そして、改善に向けた指導、すなわちOJTをその場で実施するのだ。つまり、全体をコントロールしながらＯＪＴで部下を育成することが必要な技術であり、それを身につけているかどうかを正しく評価しなければならない。

部下にＯＪＴが実施できるということは、部下に対してリーダーシップをとれる条件を身につけることである。リーダーの指導するオペレーション技術が、決められた通りの優先順位とマニュアルに沿った作業方法であれば、部下は安心して働くことができる。安心感があって仕事の成果も上がれば、それはリーダーの権威につながる。

現場で全体をコントロールできる技術を身につけ、店長業務を代行することで誰もが認める存在になることが、店長になるための第一歩だ。これは、前述した３つのコースいずれにも共通することだが、ＰＡの場合はとくに重要である。店長をめざして技術向上に取り組むＰＡが増えることは、マネジメント力やリーダーシップの源泉となって現場のオペレーション力向上に直結する。

6　権限委譲の進め方と評価

人の育成に関する店長業務が代行できるようになると、店長の準備業やマネジメントに関する業務をどう代行させるかの道筋も見えてくる。準備業の業務はワークスケジュールと発注およびスタンバイである。数値の業務とは日報や週間管理表、月次損益計算書の管理などを指す。

店長育成プログラムにおいて、仕上げの期間に実施するのが店長から部下への権限委譲である。具体的には、店長が日々やっている仕事を部下に委譲することを指す。

権限委譲といっても、やらせた結果にともなう責任までを部下に負わせるわけではない。ここでの目的はあくまで、店長の仕事を実際にやってみることである。それを通じて正しい仕事のやり方と、店長になるための心構えや責任感を持たせることが大事だ。

周囲を巻き込める人間力があるか

だからこそ、ここでは店長とその上司であるAMの役割が重要になる。大切なことは、部下をきちんと育て、それを正しく評価することである。育成の責任を負っているのは店長だが、部下の仕事ぶりを評価するのはAMの役割である。このように役割分担する理由は後述する。

権限委譲にあたって、最初に任せる仕事はトレーニングである。キッチンであれば、リーダーとしてオペレーション全体をコントロールしながら、新しく入ったPAや新入社員に対して、正しいオペレーションの知識と技術が身につき、スタンダードを実現できるように教えていく。

トレーニングをはじめるにあたっては、トレーナーとしての資格を取得していることが大前提である。モデル作業者としてすべてのオペレーション技術を身につけていることに加え、正しいトレーニングのやり方を習得していることが、権限委譲するうえでの条件になる。さらに、それに加えてここではトレーニングの進め方が重要になる。

トレーニングはOJTが基本である。チームで一緒に仕事をしながら、トレーニーの仕事のやり方や仕事の結果を観察して、トレーニーに的確な指導をしていく。つまり、トレーナーはトレーニングだけをしているわけではないということだ。チーム全体を指揮しながら、常にOJTでトレーニーを育てていくのがトレーナーである。

だからトレーナーには、周囲を巻き込んで目的を達成していく力が必要なのである。これをリーダーシップと言い換えることもできるが、大事なことは「この人と一緒に働きたい」と思わせる人間力があることだ。人間力は教える内容が正しいことに加えて、教える際の話し方やフォローの仕方、指導する時の表情といったさまざまな要素が組み合わされて生まれてくる。

評価を担当するAMは、この点をしっかり見なければならない。ポイントはトレーニーが楽しく、前向きな気持ちで働いているかどうかである。その雰囲気があれば、必ず正しいオペレーションを早く身につけることができる。そして、そういう空気をつくれる人であるかどうかが、店長を任せるうえでの大きな判断材料にもなってくるのである。

店長に代わってトレーニングを担当できるようになれば、次はオペレーションをスムーズに行なうための「準備業」に関する作業を任せる。準備はモノに関することと人に関することがあり、前者が発注とスタンバイ、後者がワークスケジュールづくりである。

発注とスタンバイ、ワークスケジュールの作成には来客数予測の技術が必要になる。また、先入れ先出しの徹底や納品の整理整頓と棚卸しについての正しい技術を身につけなければならない。さらに、納品時の検品についての技術習得も重要である。これらの作業を店長の指導のもと、実地に担当することで知識と技術を習得していく。

先述したように、その進捗状況を評価するのはAMの役割である。予測と実績の差異といった結果を確認するだけではなく、作業の進め方などを実際に見て、正しいやり方ができているかを評価しなければならない。

店長ではなくAMが評価するのは、評価を公正かつ正確にして教育効果を高めるためである。店長自身が正しいやり方を教えているつもりでも、会社のルールと違っていることがよくある。それは自分では決してわからない。人間は自分のことを客観的に見ることはできないものだから、AMという別の人の目がどうしても必要になってくるのである。

知識だけでなく考え方を伝える

この、複数の目で評価することはスタンダードを大切にするチェーンビジネスではきわめて重要である。米国の外食チェーンでは、PAの採用にあたっては店長だけでなく、リーダーやトレーナーなども面接して決定することが一般的だ。それは採用の成功率を高めることに加えて、リーダーやトレーナーのモチベーションアップにもつながっている。

それゆえ、店長業務の権限委譲の一環として、採用に立ち会わせることも非常に有効である。人を評価する目を養うことになるし、それによって本人に責任感が出てくる。

準備業についての作業が一通りできるようになれば、日報や週間管理表の記入や報告の仕方、月次損益や予算管理といった帳票を使用する業務を担当させる。その具体的な作業は、店長の数値管理についての回で述べた通りだが、ここで重要なことは準備業のマネジメントとオペレーションの結果の数値の関連性である。

発注やスタンバイは品質管理と原価管理につながる。また、ワークスケジュールは人の効率を高めるとともに、調理と接客の技術を持った人を必要な数だけ配置することでお客さまの満足を得ていくために重要な技術である。お客さまの満足は結果として売上げと利益の確保に直結する。

単に作業方法を憶えるだけではなく、何のためにそれをやるのか、その結果として何が実現できるのかを理解することが重要だ。権限委譲にあたって店長は、このことをしっかりと認識しておく必要がある。店長は部下に、知識や技術は何を目的に組み立てられているのかを、経営の立場で教えられることが大切である。

こうしたことを含めて、店長業務の権限委譲に必要な期間は、新卒入社の社員の場合は2年程度をみておく必要がある。すべてのオペレーション技術の習得に必要な期間を2年として、入社から店長になるまでに最低3年から4年ぐらいは必要ということになる。

中途採用や、PAから店長に登用する場合はこの限りではない。とくに前者の場合は即戦力として採用するわけだから、店長までの期間はできるだけ短くする必要がある。具体的には、入社から6ヵ月から1年程度で店長に登用するのが理想的である。

そのためには採用基準を厳密にして、間違いのない採用をすることだ。また、入社から4週間前後で、将来にわたっても店長を任せられる人材ではないとジャッジした時には、転職をすすめることも必要である。

PAの場合は、店長を任せられるという判断をした後、半年から1年程度で店長業務を権限委譲していき、その後に店長に登用というスケジュールをたてる。そういう人材はPAの頃からリーダーやトレーナーの資格を得ているので、権限委譲の期間も短くできるのが普通だ。前項で述べたように、PA→社員→店長というキャリアパスの流れをつくることは企業の競争力アップに直結する。

権限委譲は、教育において必要なだけでなく、それを通じて仕事に取り組む責任感が生まれるという点できわめて重要だ。店長になるための心構えを持つことで、店長の大切な要素である周りの人の力を借りるという人間力を磨くことにもつながる。

7　新任店長が大事にすべきこと

ここまで、店長になるための準備段階における取組みについて述べてきた。そこで次からは、店長に就任したばかりの段階、すなわち新任の店長が仕事に取り組むにあたって大事にしなければならないことは何かを明らかにしていこう。

新任店長がまず理解しておかなければならないことは、店長は何のために存在しているのかということだ。店長は店の最高責任者であると同時に、店はどうあるべきかの方向を店のメンバーのすべてに伝える役割を担っている。方向とは、自分はこのような店にしたいということに加えて、部下に対して「その実現のためにあなたにはこう取り組んでもらいたい」と明確に伝えることである。

店長は就任にあたって、店長として必要な知識と技術を習得していると会社から認められている。でもそれは、あくまで個人の能力にすぎない。店長は自分ひとりの力ではなく部下の仕事を通じてお客さまの満足を得て、売上げを高めていくのである。そして、マネジメントの成果としての適正な利益を得ていく。これができて初めて店長といえるのである。

〝独りよがり〟では務まらない

一緒に仕事をする部下が店長を信頼して、それぞれの役割をきちんと理解して協力してくれる空気をつくるのが店長の役割だ。そのことがもっとも難しいのである。

自分は店の最高責任者であり、すべての権限と部下にはない能力を持っている。そういう意識が前面に出て、独りよがりの言動になってしまうと部下の信頼を得られない。これが、新任店長がよく陥る失敗である。

これは別に、新任のうちは謙虚にせよと言っているのではない。店長とは本来、そういう存在なのだ。部下に対して自分の思いをきちんと伝え、それに対する部下の考え方や行動をうまく引き出して戦力化していくことが、店長にもっとも必要とされる能力である。

これこそが店長の存在理由である。新任店長はまず、そのことをしっかりと理解しなければならない。そして、そのためにもっとも大事なのがAMである。前項で、部下の教育の責任を負うのは店長であり、評価するのはAMであると述べた。その人が店長にふさわしいかどうかを判断するのもAMである。だからAMは新任店長に、店長として必要なことをしっかりと伝えなければならない。すなわち、人として信頼されなければ店長という役割は務まらないことを理解させる必要があるのである。

店長に新たに就く時に、それまで勤めていた店で店長に昇格する場合と、別の店に店長として赴任する場合とがある。この2つでは、店長自身が取り組むべきことと、AMが果たす役割が違う。

まず、同じ店で店長に昇格する場合は、AMの責任がきわめて重大である。なぜなら、店長になる前のアシスタントマネジャー時代の実績と行動に対する部下からの評価が、そのまま店長としての評価になるからだ。

アシスタントの頃の勤務態度や日頃の言動について、部下からよく思われていないところがあれば、店長に昇格してもリーダーシップを発揮することが難しい。

つまり、よい部下はよい上司になれるが、悪い部下は（その職場では）よい上司になれないということである。

それゆえAMは、店長になる前に、その人が部下からどう思われているか、問題があるとすれば何か、具体的にどう変えていけばよいのかを伝えて、店長として成功するように導いていかなければならない。これこそ、AMが伝えるべきもっとも大事な評価である。

もうひとつの転勤のケースでは、店長自身が努力して赴任する店のことをしっかりと知ることからはじめる。前任者からの引継ぎを含めて店の情報を収集しながら、店のスタッフ一人ひとりとコミュニケーションをとることである。スタッフについては、前任者の評価と自分自身の評価を整理して、各人にどう能力を発揮してもらい、これから店に貢献してもらうか思い描かなければならない。

そのうえで、このような店にしたいという自分自身の考えを伝える。店長がやりたいこと、部下にやってほしいことが伝わって初めて、店としての方針が明確になり、組織が機能していくのである。

こういったプロセスを経ることなく、新任店長があるべき論だけで部下と接しては、コミュニケーションが一方通行になってしまう。当然、店長の方針は伝わらず店の方向づけもできない。そうならないように店長を導くとともに、店長が必要な情報を提供したり、部下とのコミュニケーションのフォローをしていくことがAMの重要な役割である。

仕事の本質と企業の原点を再確認

店長の存在理由と並んでもうひとつ、新任店長がしっかりと理解しておかなければならないことがある。それは「企業の存在理由」である。何をもってお客さまに喜んでいただくのかが、自分自身の中で明確になっていなければならない。

つまり、ここで必要なことは経営理念とスタンダードの再確認である。この2つは、店長をめざして教育を受ける過程で常に立ち帰ってきた原点だが、店長就任にあたってあらためて理解する必要がある。仕事の本質と、企業の原点をいま一度学ぶのである。

なぜなら、それが「店長が実現したい店」の出発点だからである。先に触れたように、店長は独りよがりではいけない。言動についても、考え方についてもそうである。実現したい店とは店長個人の願望ではなく、企業として実現したい店であること。そのために不可欠なことが商品やサービスのスタンダードの徹底であり、それがお客さまに満足していただくための必須条件であることを、店長自身がしっかりと理解しておかなければならないのである。

企業がめざす姿を自分の中で再確認したうえで、そこにどう到達していくかを語って初めて、店長がやりたいことを部下も理解できる。そして、スタッフ全員の心が実現したい方向へと向かっていく。一人ひとりが調理と接客の技術を生かしながら、お互いに助け合うチームワークも生まれる。

店長は何のために存在しているのか。それは、店長は何によって評価されるのか、ということでもある。店長は、部下一人ひとりの考え方と行動結果の積み重ねによって生まれた結果でしか評価され得ない。自分一人の力によって何かを成し遂げるのではなく、部下の協力を仰ぎ全員の能力を引き出すことで目的を達成するのが店長だ。

そのために店長は、部下のモチベーションを高めていかなければならない。モチベーションアップの唯一の方策は、よいオペレーションを実現して客数と売上げを高め、それによって部下の評価を上げ待遇をよくしていくことである。そういう場面をつくりだしていくことが店長のもっとも重要な役割である。

また、店長は言い訳をしたりグチをこぼさないことがリーダーシップを発揮するために大切だ。店長は経営者の代わりの存在でもあるため、上司やトップの批判をすることは部下の前では厳禁である。

8 新任店長の評価のポイント

新任店長は就任にあたって経営理念とスタンダードを再確認しておかなければならない。そして、自らが店でお客さまの満足を得るという責任を負っていることをしっかりと認識することだ。

お客さまの満足を得ることに加えて、店長には必ず実現しなければならない目標がある。それは、［1］原価、［2］人件費、［3］労働生産性、の3つの数値について、わが社の標準を守ることである。

［1］は商品、［2］はサービスについて、スタンダード通りの品質を提供できているかを示すものであり、経費のコントロールの状況を示す数字である。［3］は、スタンダードを実現したうえできちんと利益を生み出し、高い給与を支給することにつながるかを示す指

標だ。

これらを実現していくためには、原価や人件費をはじめとする変動費のコントロール技術が必要である。たとえば［2］については、ワークスケジュールが適正に実践できていることが不可欠だ。適正とは、営業中の時間帯ごとに、必要な調理と接客の技術を身につけた人が必要なだけ配置されていることである。

それができていないのは、トレーニングが不足しているためだ。それでは結局、あるべき労働生産性が確保できない。逆にトレーニングがしっかりできていれば、PAの定着率が上がり、オペレーションが安定して労働生産性も上がる。

こういった変動費のコントロールは店長の必須技術であり、それを身につけていない人を店長に任命してはいけない。そして、会社の中に変動費についてのあるべき指標と、それを実現するための方法論が確立されている必要がある。

AMは店長候補者がアシスタントマネジャーの頃から、コストコントロール技術の習得状況をきちんと確認しておかなければならない。その技術が不足したまま店長に昇格しても、課せられたマネジメントの責任を果たせなくなる。

経験によって評価は変わらない

店長に就任した後は、どれだけの具体的な成果をあげたかで評価されることになる。そのことは、新任店長であろうがベテラン店長であろうが変わることはない。また、給与のベースとなる店長の職務給は、経験年数を問わず同一賃金というのがあるべき形である。

新任店長だから評価を少し甘くするとか、店長手当はベテランよりも低いというのは避ける。店長になるための経験を計画的に積ませて育てていく限りにおいては、店長としての評価は同じであるべきだ。これはチェーン経営の重要なポイントである。

支店経営の場合は、この限りではない。たとえばひとつの会社の中に年商5億円の店と年商5000万円の店があれば、それぞれの店長手当は異なるのがむしろ自然である。なぜなら、対応する客数や管理する人の数、さらには店長として管理すべき資産に圧倒的な違いがあるからだ。

チェーンの場合は、標準化がなされていることが前提だから、店長という職務に対する評価はその人の経験や配属される店によって変わることはない。しかし、店長としてのマネジメントの成果はきちんと評価され、それが給与にも反映されるようになっていることが大事である。その成果を測るための物差しが、先述した3つの指標である。

この3つは、チェーンとして最低限の指標であり、これ以外にも評価すべき指標がある。それは、会社が何を大切にしているか、あるいはその時点で会社が何を最重要の課題としているかによって変わる。

たとえば、一定期間における主力商品の出数や注文比率がある。また、すべての商品が決められた時間通りに提供できたかを示す提供率などで評価する場合もある。

しかしいずれにしても指標は、それを実現した結果お客さまの満足度に結びつくものでなければならない。また、ある指標だけを突出して問題にすることも間違いである。たとえば「店長は労働生産性だけ上げればよい」というのであれば、とにかく人手を減らして労働時間を抑えようということになるが、その結果お客さまの満足を得られなくなる。それによって来客数が減少しては意味がないのである。

重要なAMとのコミュニケーション

先述したように、店長は経験年数によって評価が変わることはない。もっとも、店長としての経験の差は当然、マネジメントのレベルの違いとなって表れる。店長は就任にあたって、店長として必要な技術を身につけていると会社から認められているわけだが、不慣れなうちは戸惑ったり、力を発揮できないことは多々ある。営業中に不測の事態が起こって、あるべき標準を守れないというケースも起こりうる。

ここで重要になってくるのが、AMによるコミュニケーションだ。部下である店長のリーダーシップのとり方やマネジメントの状態を見て、どこに問題があるか、改善のためのポイントはどこにあるかを指摘するのがAMの役割である。

AMが、その店長がアシスタントマネジャーの頃からの技術習得状況をきちんとチェックしていれば、コミュニケーションの効果がさらにあがる。なぜなら、その人の弱点がどこにあるかがわかっていて、注意深く観察することができるからである。店長就任後は、そこを重点的に取り上げてコミュニケーションをとる必要がある。

AMは新任店長に対しては、この部分にできるだけ時間と労力を割かなければならない。つまり、新任店長とベテラン店長の最大の違いは、AMとのコミュニケーションの時間と、その中身なのである。

店長が新任のうちは、なかなか目標通りに数値をコントロールできないものである。その時にAMは、そうなってしまう理由はルールを逸脱した行動や作業があるためだということを、はっきりと指摘しなければならない。たとえばピーク時間の客数が低下している場合、それはキッチンリーダーの技術不足によるものであり、具体的にはホールから伝票が入った際のオーダー復唱が徹底されていないためだ、といったオペレーション技術の問題点を指摘するのである。

店長はその指摘を受けて、キッチンリーダーに再トレーニングを実施するとともに、ピーク時の客数増について具体的な目標をたてる。そして、店のスタッフ全員を巻き込んで改善に取り組んでいく。こうすることで店の中に一体感が生まれる。

店で何か問題が起こった場合、店長が全体を何となく見ていては解決できない。正しく店の状態を観察して原因を分析し、具体的な対策を立てなければ仕事の成果はあがらないし、店長としてのリーダーシップも確立できないのである。そのことをAMは、新任店長のうちにしっかりと教える必要がある。まさに「鉄は熱いうちに打て」なのである。

同様に、新任のうちから店長会議には必ず出席することを習慣づける。店長会議は、店長が「自分はトップの代行者である」という自覚を持つための唯一の機会であり、新任店長にとってはさまざまな店の運営ノウハウや会社の情報を得る場だからである。

また、常に新しい人が入ってこそ組織は活性化する。新任店長を育て、その能力を高めていく場をつくることは、企業の成長のために不可欠なのである。

9　店長に不可欠な自己啓発

チェーン展開している外食企業に入社した人にとって、店長はまずめざすべき目標である。しかし、店長職は決してゴールではない。

店長に就任してからは、オペレーションラインで経験を積んでAMなどをめざすコースと、本部スタッフとしてスペシャリストをめざすコースがある。そうした将来像を自分の中に描いて、そのための勉強を続ける必要がある。

自分の将来のために、自主的に勉強することを「自己啓発」という。店長にとって自己啓発は不可欠だが、取り組むにあたって大前提とすべきことがある。

それは、先述したどちらのコースをめざすにしても、店長としての仕事を全うして初めて次の道が拓けるということである。

店長の仕事の目的は第一に、お客さまの満足を得ることだ。そのために部下を育て、よいオペレーションを実現することによって客数を増やしていかなければならない。

次に大切なことは利益の確保である。利益は売上高と変動経費（主に原価と人件費）のコントロールで決まる。変動経費は、店長のリーダーシップによって部下のやる気と技術力を高めているかが数字を左右する。

それらを実現した結果、部下に対しては働く喜びを与え、同時に収益を高めて会社に貢献することができるのである。

大事なのは考え方を学ぶこと

つまり、店長の自己啓発のテーマは、いかに店長としての仕事を全うできるよう自らの考え方や行動を変えていくかである。

もちろん、店長育成プログラムを通じて必要な技術の教育を受け、経営理念やスタンダードは常に確認しているはずである。しかし、会社から与えられたものだけでは十分ではない。店長として、自らを高めていこうという意識と、そのための取組みがなければ、本当の意味での向上は望めないのである。

店長は自分から積極的に、勉強の機会を見つけていく必要がある。

まず挙げられるのは、直属の上司以外にも社内の先輩たちに話を聞かせてもらうことである。そのきっかけとして店長会議は有効である。具体的な仕事の取組み方や成果については、店長会議での報告を通じて知ることができるが、より重要なのは成果を出している人の考え方を引き出すことだ。どのような考え方で仕事に取り組み、それが部下との接し方や、時には余暇の過ごし方などにどう表れているのかを、その人から直接聞くのである。もちろん、話を聞くにあたって先輩店長の実際のオペレーションの状態を見ておかなければならない。そこで重点的に見るべきは、オペレーションの主役であるPAの仕事ぶりである。

おそらく、成果をあげている店は全員が生き生きと楽しそうに働いていることだろう。そうした仕事の喜びがある職場とはどのようなものか、それを実現している店長はどういう考え方を持っているのかを知るのである。

このことは、ストアコンパリゾン（店舗視察）の基本でもある。休みの日などに同業他社の店に勉強を兼ねて食事に行くことは自己啓発の有効な取組みだが、その目的はアイデアを得ることではない。

ストアコンパリゾンで見なければならないのは、メニュー構成や価格、立地の特徴などではなく、働く人の動きや表情である。また、料理のおいしさについても「Hot is Hot（熱いものは熱く）」「Cold is Cold（冷たいものは冷たく）」という原則がどう実現されているのか、その方法を発見することが重要だ。そこには必ず、お客さまの満足こそ最優先という店長の確固たる考え方があるはずである。

そういう、オペレーションの基本が徹底されていることを確認したうえで、店長に話を聞いてみよう。仕事をするうえで一番大切にしていることは何か、そのためにどのような自己啓発に取り組んでいるかについて教えを乞うのである。

話を聞くにあたって、とくにテクニックや交渉力は必要ない。あなたに熱意があり、勉強したいという気持ちを率直に伝えれば、たとえ他社の人間であっても必ず有益な話を聞かせてくれるものだ。

自主的に学ぼうという思いが強い人は、必ずよい人や学ぶに値する店に出会うものである。店長の仕事に高い関心を持ち続ければ、自己啓発の道も自ずと拓かれていく。

広い視野を持てば個性が見えてくる

資格取得が一種のブームになっているように、自己啓発の機会は世の中に溢れている。それを提供することをビジネスにしている会社もたくさん存在する。

しかし実際には、それらの多くはちょっとしたアイデアやヒントが得られるというだけだったり、ビジネスに直接関係のない「ハウツー」を学ぶものである。先に触れたように、そうした自己啓発プログラムは店長の仕事を全うするうえでほとんど役に立たない。

大事なことは、基本である。基本をしっかり学んで、そのうえで場数を踏んでこそ応用力が身につくのだ。

本を読むことは自己啓発につながる重要な勉強の方法だが、その場合でも基本を学ぶことが大前提になる。

ビジネス書であれば、マネジャー業やリーダーシップの本質が書かれた本や、経営実務書を読むべきだろう。数値管理の基本を解説した本を読むことも、店長として管理能力を高めることにつながる。

また、フードサービス業に従事する以上、料理関係の書物も読んでおく必要があるが、ここでも重点テーマは料理の基本である。たとえば、おすすめしたいのが「だし」や「ソース」について書かれた本である。

お客さまのニーズがますます高度になっている昨今、商品面において小手先の差別化策は通用しなくなっている。その点で、味を決定づけるだしでどう差別化していくかが重要であり、そのための基礎知識は必須である。

和食のだしなら、昆布や鰹節など素材の組合せ、浸漬時間と加熱時間、素材を取り出すタイミングなど、だしをとるうえでのポイントはいくつもある。洋食についても、フランス料理の「フォン」などは体系的なノウハウが確立されており、それを解説した書物も豊富にある。

そうした理論を知っていれば、調理全般にさまざまに応用できる。その知識は店長の仕事を全うするために役立つだけでなく、キャリアアップのためにもきわめて有効だ。

企業には必ず、その会社ならではの個性があり、それが他社と差別化する原動力になっている。自己啓発を通じて見聞を広め、社会人としての常識と幅広い視野を身につけることで、その個性がよりはっきりと見えるようになるはずである。同時に、その個性を店でしっかりと表現するために自分自身が何をすべきかも見えてくる。それこそ、店長が自己啓発に取り組む最大の目的なのである。

エピローグ

1　強い店長が店を強くする

本書の冒頭に述べたように、これから外食業ではますます店長の役割が重要になってくる。店長はまさしく競争力の源泉であり、その力を高めていけるかどうかが企業存続の鍵を握るといっても過言ではない。

そのためにはまず、店長の仕事の目的は何かを明確にしておかなければならない。店長がめざすべきことは、どんな状況にあろうとも客数増を実現していくということだ。そのためには、お客さまの満足を得ることが前提になる。これが、店長が第一に担っている役割である。

日本ではいま、少子高齢化が急速に進んでいる。そうした中で客数を増やしていくには何をすればよいか。それを考えるにはまず、外食業がいま置かれている立場をきちんと認識する必要がある。

小売業との戦いに勝ち抜く条件

外食業の経営環境について、もっとも注目しなければならないのは、小売業との戦いが熾烈になっていることだ。コンビニエンスストアをはじめとする小売業にとって、食のマーケットの重要性は年々高まっている。成長のためには、小売業も素材を売ることだけではなく、調理品などを売って外食業の領域を侵食していく必要があるのだ。

一方で、お客さまの立場に立ってみると、食の外部化は必然的な流れだ。家庭で調理して食べる内食から、中食あるいは外食へと需要がシフトしていくことは、どの先進国でも共通している現象である。つまり、食の外部化が急速に進む中でマーケットの奪い合いが起こっているのだ。これが、外食が直面している競争状況なのである。

そうした中で、外食業の役割は何か、どうすればお客さまの満足を得られるか。これを自分の中で明確にしながら仕事に取り組んでいくことが、店長に求められている。

現代のお客さまのニーズを考えたときに、もっとも重要なのが安全・安心な食事を提供することだ。これは外食業、小売業ともに共通する条件である。しかし、外食の場には、小売では得られない、外食ならではの要素が不可欠だ。

その要素とは第一に、つくりたてで手づくり感のある料理を提供することだ。そしてもうひとつ重要なのが、お客さまに寄り添うサービス。それはお客さまに対する気配りや、気づきのよさがあって初めて実現できる。

これらの要素が整っていることが、外食としてお客さまの満足を得るための条件であり、先述した戦いで生き残るために不可欠なのだ。

ここで「店長はトップの代行者である」という言葉を思い出してほしい。それは、店長はトップに代わってお客さまの満足を得る存在であること、その結果として企業存続のために不可欠な利益を確保する任務を負っていることを示している。

そして、その任務を果たすために店長が常に認識しておかなければならないことがある。それは、お客さまの満足を得ることも利益の確保も、部下の協力があって初めて実現できるということだ。

具体的には、店長と部下が一体となって、よいオペレーションを実践していかなければならない。そのために店長は、人とモノをきちんと準備しておく必要がある。

人の準備とは、トレーニングによって部下の能力を高めること、ワークスケジュールを通じて技術力を持った人を必要な数だけ揃えることだ。モノの準備とは、食材の発注とスタンバイのことであり、ここでは来客数予測の精度を高める技術が重要になってくる。

さらに、準備した人とモノが現場でフルに活用されなければならない。そのためには、スタッフ一人ひとりの役割が明確になっていること、すなわち分業の仕組みが不可欠だ。さらに、スタッフがお互いに助け合い、チームワークで仕事をする心が育っている必要がある。もちろん、それらを束ねる店長のリーダーシップが、よいオペレーションの鍵を握っていることは言うまでもないだろう。

噛みしめたい、米国のサンボスの教訓

これらを実現できるかどうかは、企業の中によい教育の仕組みがあるかで決まるのだ。そのための条件は2つある。

ひとつは、店長の育成プログラムがあることだ。どんな技術を、どのくらいの期間で身につければ店長の資格が得られるのかが、明確に示されている必要がある。

もうひとつは、現場スタッフの教育訓練のための短期育成プログラムが整っていることだ。それには、QSC（quality, service, cleanliness）のスタンダードが明確であり、そのスタンダードを実現するためのマニュアルが整備されていることが前提になる。また、組織の面では店で新人を育成するトレーナーの存在とそのレベルが決め手だ。教育訓練を担当するトレーナーが店長以外に、どの時間帯にも揃っていることがトレーニングには欠かせない。

これらの条件が整っていて初めて、これからの外食業としてあるべき店長像が確立できるのである。それは、先述した外食ならではの満足度を実現し、熾烈な競争の中で生き残

っていくためにも不可欠だ。

店長は現場で、よいオペレーションのリーダーでなければならない。お客さまの満足度を常に把握しながら、それが高まるように全体を統率していくのが店長である。

具体的には、店長はオペレーションに参加している時間の8割は客席にいなければならない。また、その際はオペレーションの先頭に立つのではなく、部下の動きをチェックし必要なフォローをするのが役割である。店長自身がそうした状況をつくれるように、部下を育て、部下に対して働く喜びを与え、楽しく働ける職場をつくらなければならないのだ。

日本の外食チェーンの多くは、先述した教育のための2つの条件が揃っていない。その結果、あるべき店長像が確立できていないのである。そうした企業は当然、お客さまの満足を得ることができず、熾烈な競争についていけなくなっている。

外食マーケットの縮小が続く中で、外食は大手チェーンを中心に「いかに低い売上げで利益を確保するか」という仕組みづくりに終始してきた。そこでは、お客さまの満足は置き去りにされている。また、企業としてあるのは数値目標だけで、店長育成の目標がなく、そのための方法論もない。これでは、企業存続の条件であるよいオペレーションが実現できるはずがない。

米国では、1970年代から80年代にかけて1000店以上に拡大したコーヒーショップチェーンの「サンボス」が、QSCの低下によって客数減に見舞われ、あっという間にチェーンの崩壊に至ったことがあった。そのサンボスで副社長を務めたスタン・ディモズ（Stan Diemoz）氏は、後に次のような自省の言葉を残している。

「われわれの失敗の要因は、人の育成を怠ったことに尽きる。店はできても、マネジメントできる店長が育っていなかった。店はお金さえあればいくつでもできるが、お金をいくら積んでも店長はつくれない。店長の存在こそが企業の存続と成長の前提条件であるという考えがなかったため、倒産という最悪の事態に至ってしまったのだ」

いまこそ、日本の外食業はこの言葉をしっかりと噛みしめる必要がある。そして何より、企業のトップが店長育成こそ最重要の課題と位置づけ、その力を十分に発揮できる仕組みをつくらなければならない。

2　強い店長の集団が企業を強くする

前項で述べたように、日本の外食業における最大の問題は店長教育の偏りにある。多くの企業は店長に対して、チェーン経営に関する用語と、経営数値の2つしか教えてこなかった。経営において一番大切な、現場でどうお客さまに満足していただくか、そのために店長は何に取り組めばよいのか、という教育訓練がまったく抜け落ちていたのだ。そのことが、現在の厳しい経営環境において足を引っ張る大きな要因になっている。

正しい評価の仕組みがあること

仕事をするうえで何より大切なのは、働く喜びを感じることだ。店長としての喜びを何によって味わうかが明確に示され、そのことの大事さを教えられていなければ、店長をめざそうという意欲は生まれてこない。

お客さまに満足していただき、おほめの言葉をいただければ、店長は働く喜びを感じることができる。店長は部下が働く喜びを感じられる職場をつくる責任を負っているが、それもお客さまのおほめの言葉があってこそ実現できることだ。

経営である以上、利益を確保することは絶対条件である。その利益は、お客さまに満足いただいた結果、得られるものである。お客さまの満足と、企業の利益、この2つを両立できたときに初めて、店長はトップの代行者として責任を果たしたことになる。

それこそが店長の存在理由であることを、トップは常に店長に対して言い続けなければならない。それを伝える場は店長会議である。だから、店長会議にトップ自身が出席しないのは、店長という存在を否定していることに他ならない。

トップは店長に対して、自分の役割を代行してくれてありがとう、という感謝の気持ちを伝える必要がある。また、お客さまの満足を得るために自発的に行動したり、部下の協力を得てよいオペレーションを実現している店長をほめること。そういう店長が評価されるのだという空気を、トップ自身がつくっていかなければならない。

店長が力を発揮するためには、何をおいてもまず、店長に対する正しい評価の仕組みがあることが大事だ。評価のポイントはこれまで述べてきた通り、第一はお客さまの満足を得ることである。

お客さまの満足度を測る唯一のバロメータは客数であり、客数増を達成するための条件はよいオペレーションを実現することだ。それは店長一人の力によるのではなく、共に働く部下の協力があってこそ可能になる。その結果、店長はトップに代わって店で利益をあげることができるのだ。

店長評価にあたっては、この順序を間違えてはならない。つまり、評価の第一が利益であってはならないということだ。客数ではなく利益こそが大事という考え方に立てば、売上げを高めるよりもコストを削って利益を出そうという方向に向かう。結果として、お客さまの満足は置き去りになり、さらに売上げが低下するという悪循環に陥ってしまう。

企業は存続してこそ社会貢献を果たすことができる。そのためには利益が必要だが、その前提はあくまでお客さまの満足なのである。

満足度を測る客数は、同時に社内で最大の関心事になっていなければならない。トップから店長にいたるまで、あらゆる階層の人が「何をおいても客数増を達成していこう」と考えていて初めて、店長が正しく評価されることになるからだ。

店長力こそ企業力と認識しよう

店長の仕事はまず、人とモノの準備をすることからはじまる。次に人とモノを活用してオペレーションを実践し、その結果である売上げや客数、経費や利益といった経営数値を分析する。そして、分析した結果をもとに改善のプランを立てて全員で行動を起こし、よりよいオペレーションを実践していく。この繰り返しが店長のマネジメントである。

店長がマネジメントに取り組むためには、オペレーションの良し悪しを分析するための判断基準が明確でなければならない。また先述した経営数値や改善プラン、改善した結果を報告する方法が確立されている必要がある。

判断基準とは、標準数値と言い換えることができる。人とモノについていえば、客数予測に応じた必要な人の質と数、必要な食材の分量が示されていることだ。具体的には、ワークスケジュールや発注表、スタンバイ表などの帳票制度が確立されていることが必要だ。

店長の上司であるエリアマネジャー（AM）は、そうした帳票をチェックし、店長のマネジメントからお客さまの満足度とコストコントロールの状態を確認する。合わせて、オペレーションを実地に観察することで現場の問題点を把握し、店長が改善に取り組むよう導いていく。それによって店長のマネジメント力が高まった結果、お客さまの満足を得て店長が評価される。こうしたよい循環をつくっていかなければならない。

ところが現実には、日本の外食チェーンの多くでは店長は優秀なワーカーとしか見られていない。それは、オペレーションをよくするためのマネジメントの方法論がなかったことに起因している。

大事なことは、店長が自発的に改善に取り組める環境づくりである。人と食材の準備にかかわる情報、たとえば客数やメニューの出数動向といった数値データは迅速かつ正確に店長に伝える仕組みが不可欠だ。また、現場が人手不足に陥った時のバックアップ体制も必要であり、この場合はAMの役割が重要になってくる。

これからの外食チェーンは、店長の力こそ企業の競争力であることをしっかりと認識しなければならない。店長は競争の最前線に立つ存在であり、常に厳しい状況に置かれている。店長をバックアップし、その力を高める仕組みがあるかどうかが、企業存続の鍵を握っているといっても過言ではない。

語句索引と略語集

食堂業の店長塾

強い店長が、外食の現場を強くする

2015年2月28日初版発行
2018年7月10日2版発行

著者© 井上恵次
発行者 丸山兼一
発行所 株式会社柴田書店
〒113-8477 東京都文京区湯島3-26-9 イヤサカビル
電話 営業部 03-5816-8282（注文・問合せ）
書籍編集部 03-5816-8260
URL http://www.shibatashoten.co.jp

印刷・製本 株式会社アド・クレール

ISBN978-4-388-15334-3
Printed in Japan

本書は「月刊食堂」2011年2月号から2015年1月号まで連載された「井上恵次の店長塾」を加筆・修正し、単行本化したものです。